A Study on Regulation of Toll Road in China

中国收费公路规制研究

王国锋　著

人民交通出版社

U0885474

内 容 提 要

本书是收费公路领域理论研究和实证结合的良好典范。理论上，既有经济理论在收费公路实践领域的应用扩展，又有其在实践中的应用；实证上，结合统计分析与数学模型，借鉴国外的发展经验和教训，采用历史归纳和逻辑演绎的方法，对我国收费公路的发展进行了归纳和回顾。

全书包括六部分内容，分别为绪论，本书涉及基本理论，中国收费公路的历史沿革、现状及问题，收费公路的市场准入研究、收费公路规制的分析、中国收费公路规制改革的政策建议。

本书可供交通、市政等行业政府管理人员、公路投资、经营企业管理等人员，以及相关专业师生学习使用。

图书在版编目（CIP）数据

中国收费公路规制研究/王国锋著. —北京：人民交通出版社，2007.1
ISBN 978-7-114-06374-9

Ⅰ.中... Ⅱ.王... Ⅲ.公路费用-征收-研究-中国
Ⅳ.F542.5

中国版本图书馆 CIP 数据核字（2007）第 002946 号

书　　名： 中国收费公路规制研究
著 作 者： 王国锋
责任编辑： 卢仲贤　师　云
出版发行： 人民交通出版社
地　　址： (100011)北京市朝阳区安定门外外馆斜街 3 号
网　　址： http://www.ccpress.com.cn
销售电话： (010)85285838,85285995
总 经 销： 北京中交盛世书刊有限公司
经　　销： 各地新华书店
印　　刷： 北京鑫正大印刷有限公司
开　　本： 787×1092　1/16
印　　张： 11.5
字　　数： 171 千
版　　次： 2007 年 1 月第 1 版
印　　次： 2007 年 1 月第 1 次印刷
书　　号： ISBN 978-7-114-06374-9
印　　数： 0001－3000 册
定　　价： 39.00 元
（如有印刷、装订质量问题的图书由本社负责调换）

序一

我国改革开放28年来，经济社会长期保持较快发展势头，工业化、城镇化、市场化、国际化进程明显加快，社会生产力、科技实力、综合国力显著增强，人民生活日益改善，社会主义政治文明建设、精神文明建设全面加强，国防地位和国际影响力不断提高，这其中交通运输提供了强有力的支撑。而在公路交通运输的快速发展中，收费公路做出了不可磨灭的历史性贡献。收费公路起源于19世纪的发达国家，而中国收费公路只有二十几年的历史。世界上最早发展收费公路的国家是美国。19世纪上半叶美国的私人收费公路数量就已超过了公共道路，直到20世纪上半叶收费公路的比例才开始下降。欧洲的收费公路在第二次世界大战后的重建中发展较快，法国在20世纪50、60年代开始建设收费公路。据有关部门统计，目前收费公路分布于欧、亚、美、非等洲的20多个国家和地区。近日我去日本参加会议，顺便考察了高速公路，日本高速公路收费期限之长(政府批准45年)、收费站之多出乎预料。

近年来，交通部认真贯彻科学发展观，按照服务于经济社会发展大局、服务于社会主义新农村建设、服务于人民群众安全便捷出行的要求，全面推进行业改革与创新，努力实现交通事业又好又快发展。经过二十多年的发展实践，我国的收费公路在理论基础、宏观政策和微观管理等方面，诸如发展规模、收费站设置、收费标准、管理体制、经营模式、管理方式、资金收支监管、收费权转让等问题都有许多值得总结的地方。中国收费公路的特殊性、复杂性决定了对其研究必须多视角、多层面，要集中各方智慧。尽管我们在"十五"期间有过一些研究基础，但是面对新形势新要求，很有必要继续对收费公路的良性发展进行深入地思考。正值此时，我看到王国锋同志写的《中国收费公路规制研究》一书，感到有必要、也值得将它推荐给读者，特别是交通行业的有关人员。这本书是一部理论联系实际的著作，它既有相当深刻的理论分析，又有非常专业的实证研究，书中所阐明的观点对深入研究收费公路问题具有很好的参考价值。

我与国锋同志相识多年，他长期在交通科研设计单位、政府部门和国有企业担任领导工作，《中国收费公路规制研究》是他在公路建设领域长期深入观察、勤于思考、努力研究的结晶。当前交通事业进入了一个新的发展阶段，机遇与挑战并存，我们正期待着有更多的理论和实践工作者能像国锋同志一样善于从理论与实践的结合上研究交通问题，为推动交通事业又好又快发展提供理论基础、政策建议和智力支持。

中华人民共和国交通部副部长

2006.12.11.

序二

置于我们面前的这本书，是我的学生王国锋在他的博士论文基础上修改而成的专著，也是一本经多年思考之作。作者投身我国公路建设事业的时候正是中国收费公路开始兴起的时候，他是中国收费公路不平凡发展历程的亲历者。国锋同志自攻读博士学位起，就结合工作实践开始研究规制与竞争理论，试图用规制和竞争理论来研究并解决中国收费公路发展中存在的一些问题，这本书就是他对这些问题的阶段性研究成果。

经历了20多年的蓬勃发展，中国收费公路在实际管理中遇到了这样那样的问题，已经进入了问题暴露较多，需要在规范中实现良好发展的时期，急需成熟经验和经济理论的指导。与此同时，收费公路的总体规模距离发展规划的需求还有相当的距离，对本领域的理论研究也有待于不断完善，这些构成了作者研究的现实性和必要性。这本书结合公共经济学以及规制与竞争理论全面、系统地阐述了中国收费公路的发展历程与管理体制的演进，得出了富有创新性和学术性的结论，具有很强的现实意义和一定的理论意义。当前，运输经济学的发展已经相当完善，对收费公路的研究资料也较为丰富，特别是在技术经济层面研究成果较多，但是这种微观层面的研究远远满足不了在政府规制等宏观层面上的理论和实际需求。这本书为我们分析规制层面的问题提供了可借鉴的理论基础，为进一步的研究提供了新的视角。

这本著作首先从有关收费公路的基本理论入手，明确收费公路的产品属性，为研究收费公路的供给提供理论基础。本书还综述规制和竞争理论的演进逻辑，从而为明晰收费公路政府规制改革方向提供了理论依据。针对中国收费公路发展位居世界首位，并且在许多方面的发展和发达国家有差距的现实，结合作者多年从事公路工作的实践体会，主要研究了中国收费公路市场准入的主体、条件、方式、程度和范围，希望确认收费公路市场和政府提供的关系，总结了还贷型公路的“统贷统还”模式和经营型公路的“特许经营”模式。

在收费规制研究方面，通过对收费价格理论和站点设置的理论和实证研究，提出了不同路段的价格规制和站点设置合理建议，也进一步明确了中国收费公路规制的目标和内容。为了使此书的研究更具有可操作性，作者还结合实际的案例，总结出了便于操作的政府规制的建议和收费公路机构的对策。在分析总结两大主题的基础上，对中国收费公路的规制改革提出了具体政策建议。这本书是收费公路领域理论研究和实证结合的典范，在理论上，既有经济理论在收费公路实践领域的应用扩展，又有其在实践中的应用；实证上，结合统计分析与数学模型，借鉴国外的发展经验和教训，采用历史归纳和逻辑演绎的方法，对中国收费公路的发展进行了归纳和回顾，着眼于将来发展的规范治理。

总之，这是一个新的思考，新的努力的产物，很有实用价值。相信本书的出版对于研究中国收费公路问题具重要的理论和实践意义，并对基础设施市场化政策研究有一定的借鉴意义。

是为序。

中国工程院院士
中国社科院学部委员 李京文

目录

第一章 绪论

第一节 研究背景

本书的研究背景包括中国收费公路的发展状况、交通规划对收费公路未来发展的长期要求、收费公路发展过程中出现的一些矛盾和困难以及规制经济学、公共经济学理论取得的迅猛发展。

一、收费公路的长足发展

1984年国务院出台了“贷款修路，收费还贷”政策，标志着收费公路的诞生。收费公路的产生极大地促进了我国公路运输网在数量上的快速增长和结构上的优化完善。收费公路政策的实施，对于缓解公路建设资金严重不足的矛盾，提高路网技术水平起到了至关重要的作用。

交通部统计资料表明，截至2005年年底，全国公路总里程达到193.05万公里，路网结构进一步完善。全国公路总里程中，国道132674公里、省道233783公里、县道494276公里、乡道981430公里、专用公路88380公里，分别占公路总里程的6.9%、12.1%、25.6%、50.8%和4.6%。公路技术等级和路面等级不断提高。截至2005年年底，全国等级公路里程159.18万公里，占公路总里程的82.5%。其中二级及二级以上高等级公路里程32.58万公里，占公路总里程的16.9%。按公路技术等级分组，各等级公路里程分别为：高速公路41005公里、一级公路38381公里、二级公路246442公里、三级公路344671公里、四级公路921293公里，等外公路338752公里。全国有铺装路面和简易铺装路面公路里程99.46万公里，占总里程的51.5%。按公路路面类型分组，各类型路面里程分别为：有铺装路面532697

公里,其中沥青混凝土路面226075公里,水泥混凝土路面306622公里;简易铺装路面461901公里;未铺装路面935945公里。

高速公路建设实现历史性突破。"十五"期间建成高速公路2.47万公里,是"七五"、"八五"和"九五"建成高速公路总和的1.5倍。2005年,全国新增高速公路通车里程6717公里。河南、广东、内蒙古、江苏、河北、浙江、山西和甘肃八省全年新增高速公路通车里程均超过300公里。2005年年底,全国有29个省(市、区)的高速公路里程均超过500公里。山东、广东、辽宁、河北、江苏、河南、四川、浙江、湖南、山西等19个省高速公路里程突破1000公里。辽宁、山东省实现了省会到地市全部由高速公路连接。浙江省实现了"4小时公路交通圈",重庆提出的"8小时重庆"也正在变为现实。在我国目前已建成的高等级公路中,所有的高速公路、80%的一级公路、44%的二级公路,都是依靠"贷款修路,收费还贷"政策得以实施的。

根据交通部门初步统计,截至2003年年底,全国共有收费公路里程146610万公里,收费站点4294个,其中公路收费站3875个,桥隧收费站419个。按经营性质分,经营性收费公路26748公里,收费站点1205个,分别占收费里程的21.5%、总站点的28.1%;政府还贷性收费公路97866公里,收费站点3089个,分别占收费里程的78.5%、总站点的71.9%[1]。

可以说,我国在短短的20年时间内,建成了总里程位居世界第二,平均年增长里程达1800公里的高速公路,一级公路和二级公路也保持了年均29%和14%的增长率,走过了发达国家一般需要40多年才能完成的发展历程。实践证明,根据社会经济和交通发展要求,有选择、有重点地建设收费公路是一种解决资金不足、加快公路建设、促进社会经济发展行之有效的政策措施。发展收费公路是公路改革与发展的一项重大措施,是一项发展我国公路事业的战略性选择,与此同时,收费公路还对我国经济产生了巨大的间接影响。首先,收费公路极大地促进了我国公路建设体制、投融资体制和管理体制的变革,对全行业发展产生了深远的影响。如果没有收费公路政策,公路交通对国民经济的制约就不会如此快速地得到缓解,公路交通在综合运输体系中的基础地位就得不到应有的加强。其次,收费公路配合了国家"拉动内需,扩大基础设施投资"宏观经济政策的实施,促进了国民经济的发展。第三,收费公路政策的实施,促进了如汽车产业、建筑产业,建筑材料等相关行业的发展。此外，由收费公路政策直接带动发展起来的高速公路作为现代经济的催化剂，有力促进了工业、农业、商业等各类产业的发展，构筑了一系列的经济增长点，形成了快速发展的高速公路产业带，有利于沟通沿线与大中城市、交通枢纽、工业中心的联系，促进了外向型经济发展和加快经济一体化进程。

二、发展中存在问题

虽然收费公路取得了迅猛的发展，但是距离我国的交通规划目标还有相当的距离。按照我国交通规划描述，交通到2010年达到“全面缓解”，2020年实现“基本适应”，2050年实现“现代化”[1]，要实现交通的跨越式发展，收费公路的发展水平还需要进一步提升。同时伴随着“贷款修路，收费还贷”政策对我国公路建设起到巨大促进作用。收费公路的发展逐渐暴露或者依然存在较为突出的问题，很多问题在理论上和实践中都没有得到很好的解释。收费公路政策在给公路行业带来建设资金的同时，也带来如下许多问题。

1. 规模大、站点多

收费公路总里程突破14万公里，已占到全国公路通车总里程的7%，收费站点达到4200多个。

2. 收费公路等级不合理

二级收费公路占收费公路总量的63.4%，占收费站点总数的55.3%，更为严重的是三四级公路和其他收费公路还占2.9%。

3. 收费站点设置不合理

收费站点基本上以县（区）行政区划来设置，不少地方过多过密，个别地方收费站的间距相隔只有十几公里甚至几公里。

4. 违法设站没有得到有效制止

有的地方未经省级人民政府批准，就擅自设站收费，有的地方已还清贷款或者收费期限届满，却不愿撤站和停止收费。

5. 部分收费路段的收费标准过高

一些地方在确定及调整收费标准时，没有充分考虑当地的经济发展水平和群众的承受能力，随意姓较大。

6. 收费权违法转让

少数地方在转让公路收费权时，不按程序报经主管部门批准，违法转让，擅自延长收费年限，带来许多后续管理问题。

7. 地方差异

由于社会经济发展的不平衡性，不同地区和不同技术标准的收费路之间差异性较大。

8. 资金监管不到位

在收费资金管理、核算、使用等环节监管不到位，个别地方的收费成本较高，非生产性开支比重大，甚至存在着收费养人的现象。

这些问题的客观存在，影响了收费公路的健康发展，有损于社会福利的最大化，更直接关系到政府特别是交通部门的规制，成为社会各界和人民群众反映强烈的社会问题。

上述八方面的问题，有些是局部现象，有些则带有一定的共性和普遍性，还有一些问题涉及深层次矛盾，其表现可以归结为规制的不当。究其深层次原因是对收费公路这种基础设施的经济属性认识不清，不能从理论上论述清楚收费公路的规制原则，造成了规制目标不清楚，规制手段不完备，规制效果不佳的客观局面。因此如何准确地把握问题的实质，理解其背后的经济规律，并能够在实证上给出理论应用的有益结论和政策建议就是本书主要的研究对象。

三、理论背景

20世纪90年代以来，我国加大了对自然垄断产业的改革力度，在多方面起到了积极作用，主要表现为：一是阻止了低效率的非规模经济企业进入自然垄断行业，提高了资本和生产的集中度，在一定程度上避免了盲目投资、重复建设，使稀缺的经济资源得到合理的分配和利用；二是在一定程度上保证了一些公用事业的产品或服务不断供给，抑制了其滥用经济优势，制定垄断价格，损害消费者利益的行为；三是避免了公用产品或服务价格的剧烈波动，维护了市场的交易秩序。

伴随着实践的进展，大量的国外规制和公共经济学理论引入国内，开始为我国的垄断行业和公用事业的规制改革所用，相当的国内外学者也开始关注中国的规制改革。总的来看，我国的规制改革是在20世纪70年代以来，国际放松规制的浪潮中展开的。国外对于规制的研究先行者包括斯蒂格勒(George J. Stigler),其代表作《经济规制理论》首次尝试运用经济学方法来分析规制的产生,以后的匹兹曼(Sam Peltzman)、贝克尔(G.S.Becker)、鲍莫尔(W.J.Baumol)、植草益、拉丰(Lafforn)等人在其基础上,进一步发展和完善了该理论,从而为20世纪70年代以来世界各国对自然垄断产业的放松规制提供了理论依据。

国内的学者在我国的规制改革中也先后进行了卓有成效的研究,比较早的有王俊豪、张宇燕、周其仁、夏大慰、张昕竹、陈富良、于立等。规制理论的不断丰富,使得本书的研究有个可供借鉴的理论平台。另外公共经济学在早时期的引入,也成为本书的另一个理论支撑[2]。

本书就是在这样的背景下选择收费公路的市场准入和政府规制研究作为论题,从埋论上阐述收费公路规制的难点问题,从实证上给出我国规制改革的具体政策建议。

第二节　国内外的研究现状

一、国外的研究现状

关于收费公路规制方面的理论研究,国外的关注很少,从笔者所掌握的文献资料来看,大多都集中在一些民间机构,有代表性的如 The Public - Private Infrastructure Advisory Facility、CPCS Transcom 和世界银行(The World Bank Group)、亚洲开发银行(Asian Development Bank)对具体项目的一些操作层面的研究报告。原因主要是,国外的收费公路规模相对较小,目前全世界建有收费公路的国家与地区仅有20多个,共有收费公路15万多公里,其中我国就超过12万公里,受分布量的影响,国外收费公路的规制改革对社会的影响远远不及铁路、电信等垄断公用事业。另外,如美国、意大利等主要发达国家较早就开始实行公路建设的市场运作,既符合本国整体的市场经济环境,又拥有较强的政府财力和私人财团力量,因此他们发展的阻力和遇到的问题远比我国要小得多。

尽管在理论上国外的研究比较匮乏,但是在实际的操作层面上,他们却提供了比较丰富的素材,如BOT等市场准入中不同的进入方式,价格规制中经济和社会收益率的评价等。虽然这些具体的操作更多的属于技术经济学研究的范畴,但是我们依然可以通过对某些案例的挖掘，为本书的研究提供实证基础。具体的借鉴在后文中将一一体现。

二、国内的研究现状

相对国外对理论研究的匮乏，国内的研究在这些方面稍显丰富，目前理论研究的进展主要集中在两个方面：一是对收费公路经济属性的确认；二是收费价格的确定。

1. 关于收费公路的经济属性

公路同时具有公益性和商品性两种属性。首先，公路作为国家经济发展的基础设施，它具有重要的使用价值。公路在促进商品流通，加快自然资源的开发和利用，促进公路沿线经济发展，满足社会公共客货运输需要，提高整个社会经济效益等方面发挥着愈来愈大的作用。其次，公路作为人类通过劳动所形成的有特定用途、具有一定物质形态的劳动产品，其中凝结着大量的社会必要劳动，这些社会必要劳动构成公路的价值。而且随着公路等级的提高，其价值量愈大。再次，公路作为劳动产品，包括道路、桥梁、渡口、隧道及其他附属设施，其建造者并不是为了自己使用，而是供别人、社会使用的产品。凡建路者，绝不是单为自己通行；凡架桥者，也绝不是单为自己过桥。公路作为公共物品，其使用对象的公共性是其主要特征，公路不仅服务于所有的生产部门、流通部门和消费部门，服务于物质资料生产的全过程，而且服务于社会政治、军事、文化、教育等各个领域。这种使用对象的广泛性充分说明公路建造者是为了别人、为社会生产使用价值。可见，公路是劳动产品，耗费在公路生产上的人类劳动可以计量，并且公路生产者建造公路是为了满足社会的需要，是凝结人类劳动并为他人享用的使用价值。这说明公路具有商品性和公共性双重属性［交通部规划研究院（2001 年）、郑捷奋等（1997 年）、李晓明（2003 年）等］。

徐海成（2000 年）进一步指出，公路具有商品的属性，但公路是否作为商品关键是公路的使用价值是否通过市场交换而享有。不收费公路与收费公路之间存在着本质上的区别，主要表现在以下几方面：第一，主体不同。非收费公路的征费（税）主体是政府，收费公路的收费主体是公路经营企业。第二，目的不同。政府征费（税）的目的是为了取之于民，用之于民，并不以收回投资和增值为目的，侧重于宏观经济效益;收费公路经营公司收费的目的是为了收回投资且获利,更侧重于公司微观效益并以利润最大化为其经营主要目的。第三,性质不同。政府征费(税)属于政府行为,行政性收费,体现国家经济管理职能;公路经营公司收费是一种市场经济中的企业行为,体现企业的资本运营职能。第四,交换方式不同。政府征费(税)是一种整体性社会行为;公路经营公司收费是"一对一"的市场交换行为。可见,不收费公路具有商品属性,但不是现实商品。收费公路则具备成为现实商品的一切要素,属商品公路。

2. 关于公路收费的确定

关于公路收费的确定,其主要研究集中在公路收费费率等的确认方面,包括交通量的测度、转移率、养护成本等,基本属于技术经济的范畴。

相关成果有袁剑波、张起森(2001 年)的从收费公路的交通需求分析出发,通过科学假定,建立了收费公路的交通需求函数,并在此基础上研究并提出了一系列制定公路收费标准的基本方法和不同车型收费比例的确定方法。这种研究建立在单条公路的基础上,它忽略了公路网络发展的规模性。

王盛(2004 年)利用双层规划及其求解算法在路网预测、票价制定等方面的应用已经取得了的成果,探讨了固定需求下公路收费标准与路网交通量分配之间的关系,利用一个双层规划模型来描述收费标准的制定问题,在此基础上利用灵敏度分析方法重点分析收费标准对道路阻抗的影响关系,并通过一个数值算例加以证明。其不足主要是上层模型以规制者行为为导向,对收费公路社会效益(网络性)的量化模拟不够充分,因此其研究需以规制改革的静止为前提。

路成章、李爱民(2003 年)针对国内对收费公路,尤其是对收费费率的不同意见以及业内外在通行费定价中缺乏理论指导的状态,从收费公路的经济属性、收费公路经营市场的性质入手,对收费公路在特许制度下的定价权限和价格的公平及价格歧视进行了讨论。其研究同样忽视了网络的规模性,同时缺乏实证的支撑。

上述文献都是研究收费公路的重要方面,但是与本书所关注的属于不同的角度。一是本书更关注收费公路定价对整个路网的规模性的影响,二是收费公路定价涉及的不单纯是价格问题,还有收费站点设置的合理性等方面,是个综合体系。显然上述的研究为本书留下了进一步探索的空间。

第三节　本书研究的目标

本书的总体目标是运用规制与竞争理论的原理和分析方法,结合公共产品理论以及自然垄断理论对收费公路的建设运营领域存在的认识性问题和政策性问题进行理论分析,在此基础上尽可能地进行实证研究,以期为这一领域的政策研究提供理论和实证前提。本书运用的分析手段和分析方法以规制与竞争理论和公共经济学为主,研究的对象是收费公路的市场主体,以及收费公路的收费问题,两大问题都围绕着政府如何更好规制收费公路的发展展开。

(1)规制与经济学的研究范围一直与公共经济学所涉及的研究范围和研究对象密不可分,事实上,收费公路的准公共产品性质、较强的外部性以及自然垄断的经济特征,说明利用公共经济学和规制经济理论远比单纯的运输经济学的研究更为有利,这当中有许多发展空间。

(2)公共经济学所研究的准公共产品、外部性等问题都是些饶有兴味的问题,将其运用于交通基础设施建设的研究也是当前的学术热点[2],而且这一领域还存在进一步发展的空间。

(3)规制与竞争理论是研究市场经济条件下市场主体和政府之间的界限和责任划分,偏重政府的作用范围和方式,政策产生程序和公共企业问题,对于研究收费公路具有很大的应用价值。在收费公路这个特殊准公共产品的提供上,既需要市场化竞争以避免其自然垄断的弊端,提高经济效率,同时还需要政府对收费公路规制,以纠正收费公路市场运作中的市场失灵行为。

(4)运输经济学亟待发展,需要丰富,目前已经有将公共经济学理论和规制经济学来初步探讨运输经济学问题的研究,但是用来较为系统地解释运输经济现象的研究,特别是研究收费公路中出现的系列问题的研究尚不多见,这当中有许多可以做的尝试。

(5)公路基础设施由于其特有的技术经济特点和建设规律,有其典型特色和特有问题。巨额的沉淀成本,大量的投资需求,政府的财力不足,企业的"投资恐惧",成本和收益的不对应性,社会效益和经济效益难以区分等,这当中有许多问题需要解释。而收费公路更是不同于一般公路建设的模式,它是将市场化与政府规制相结合的一种提供公路的新模式,所以利用公共经济学和规制与竞争理论恰恰成为解决这些问题的理论基础。

运输经济学在研究交通基础设施建设的技术经济分析方面已经比较成熟，这为收费公路的政府的规制问题研究创造了很好的环境和条件，在此基础上利用规制经济学理论和公共经济理论研究可能会进一步将这一命题的研究丰富或深化。如果说交通基础设施建设的技术经济分析侧重于定量分析的话，运输经济学侧重于这一问题的定性研究，而利用政府规制与竞争理论分析收费公路则是从经济组织与制度的层面上来研究收费公路的。长期以来，公路作为一种自然垄断行业，在提供过程中往往存在政府垄断、效率比较低下的事实，但是单纯的收费公路的市场准入也并不能解决收费公路建设中存在的问题。为达到一种有效竞争的状态，需要在收费公路的市场准入与政府规制之间有一个合理的平衡。在这个平衡点上，中国的收费公路应该怎么样划分市场与政府的界限与责任范围，是应该进一步放松规制还是需要进一步加强规制，或者是在原有不合理的规制制度上重建规制制度，这就是本书所要研究的核心问题，也是本书研究的主要目标。

解决本书命题的核心理论问题是：（1）收费公路的经济属性，这是本书分析的理论前提；（2）政府规制与市场竞争的关系，这是分析的理论基础；（3）垄断性经营和竞争性经营的关系，这是政策的前提；（4）规制和放松规制的条件，这是政策的环境；（5）政府经济行为和企业经济行为的作用界限，这是政策的内容。

本书具体研究目标是:(1)归纳和评述与命题研究有关的公共经济学基本理论以及规制与竞争理论,为命题的分析梳理出具体的理论基础和研究工具;(2)分析收费公路这一交通基础设施的经济属性,为命题研究提供基准分析平台,界定不同市场主体的行为范围和相互关系;(3)辨析目前中国收费公路发展中存在的问题难点;(4)分析收费公路经营行为中的政府制度变迁过程,为过去的市场准入变化作出理论总结,为当前困境的解决提供思路;(5)分析收费公路的收费问题,为调和投资吸引力和路网规模性之间的关系提供依据;(6)为了更好地应用研究的结论和对规制政策进行总结,对收费公路的具体案例进行剖析,为收费公路的未来发展方向提供政策框架。

第四节　本书研究的理论价值与现实意义

一、本书研究的理论价值

运输经济学被证明是具有广阔应用前景的应用经济学科，为各种经济理论和学说提供了一个极具挑战性和富有成果的领域。本书的理论价值是规制与竞争理论和公共经济学相关理论在运输经济学领域的应用，利用这些理论分析收费公路建设中存在的一些理论问题并作出政策性的指导。

公共产品理论是公共经济学的核心理论之一，解决公共产品最佳供给的效率条件和决策程序在公共产品供应中的作用问题，就成为近几十年中公共产品理论发展的两条主线。公共产品理论作为现代公共经济学理论，在数百年中是围绕着市场失效、共同消费、公共产品最佳配置以及社会选择等问题逐步形成和发展的，它所显示的鲜明市场性，可为我国运输经济学研究的运输基础设施提供问题借鉴。目前将公共经济学引入到交通运输产业的研究已经有较为系统的论述[3]。但是收费公路作为一种典型的准公共产品，无论是在理论上还是实践上都没有得到应有的关注。

由于收费公路的准公共性，注定了收费公路建设必然受政府规制与市场竞争的双重影响。规制理论与竞争理论是近几年产业经济学发展的一个热门话题。依据收费公路准公共产品的经济属性以及自然垄断的特征，长期以来，收费公路的政府规制和市场竞争都存在很强的悖论，在政府与市场权力的界限和责任的划分上一直是很混乱的，这不但不利于收费公路建设的效率，而且也涉及整个运输产业的市场化进程，给国民经济造成不良影响。

因此本书的研究具备以下重要的理论意义。用公共产品理论分析收费公路的经济属性，从收费公路的准公共属性和自然垄断特征出发，证明收费公路存在的合理性和必然性，并证明收费公路的建设必然导致政府规制和市场竞争的双重作用；利用规制经济学的相关理论分析收费公路的政府规制的工具、模式以及规制政策的合理性，并进一步分析收费公路建设中政府与市场界限的划分。

既有的运输经济学体系从技术经济角度对基础设施建设的研究已经相当成熟，但如何运用现代经济学，包括公共经济学、新制度经济学、发展经济学、规制经济学等理论来分析说明收费公路基础设施的发展路径,在我国应用经济理论研究中还十分薄弱。

因此,本书的理论意义在于从公共经济学的分析出发,结合规制与竞争理论,分析收费公路的基本经济属性、发展约束的形成、收费公路的市场准入条件与政府干预的范围和程度、发展政策与资金筹集依据等。

二、本书研究的现实意义

自20世纪80年代以来,随着改革开放政策的实施,国家工作重心向经济建设转移,社会经济、生产力布局及产业结构发生了巨大变化,运输量急剧增加,公路基础设施发展滞后严重不足明显暴露出来,也对社会经济发展形成了严重的制约。而收费公路的出现,一定程度上缓解了我国交通需求巨大与交通建设不足的矛盾,并使我国公路可持续发展的主要制约因素资金问题得到了较好的解决。但是长期以来,中国收费公路依然存在诸多问题,如管理体制不明确、政出多门、职责交叉,致使政令不清、管理低效,行业内隶属关系复杂。而且收费公路在经营模式上也存在规模过小,难以形成规模优势,优良资产被浪费而不良资产形成不良债务等问题。在收费公路的实际建设中,管理手段和方式存在很多问题,行政、经济、法律的管理手段与方式没有得到很好的有效运用,政府规制没有得到很好利用,收费公路发展的统筹规划与总量控制没有较好实现,没有利用经济与行政的手段来对收费价格、站点进行合理、有效监督。因此,通过本书对收费公路的市场准入与政府规制命题的研究,可以解决以下主要的现实性问题。

(1)通过对收费公路市场准入的研究,明确收费公路市场准入的主体,避免收费公路市场恶性竞争,避免"一路一公司"和"一路一贷"的分散式经营,有效提高收费公路建设中的规模经济和规范的市场秩序。与此同时,收费公路的市场化研究有利于收费公路资金的有效配置,减少公路建设中的资金紧缺压力。

(2)对收费公路市场准入和政府规制的研究,可以有效控制不同等级收费公路发展的规模问题,使不断扩大的收费公路总体结构和规模控制在政府的总量目标之内,而且也可以有效解决长期以来收费公路的站点设置不合理等问题。

(3)通过收费公路收费规制研究,有利于解决收费公路的收费标准问题,可以实现对收费公路的收费标准及收费年限的法律规范。

(4)通过对收费公路政府规制的研究,明确政府在收费公路建设中的规制范围、对象和规制手段及模式,可以有效地解决行业间管理主体不明确、职责交叉、多重管理的问题,并且使得政府规制的权力和责任得到具体的划分,使收费公路建设的行政管理规范而高效。

(5)根据本书的研究,文章通过对收费公路的历史沿革以及相关的实证分析,为中国收费公路的建设发展提供了一条可以探索的道路,为中国收费公路的政府规制改革提供了一些具体的办法和实践措施,实现收费公路在公路交通运输行业乃至国民经济中的重要作用。

第五节　研究的逻辑思路和主要框架

本书分析的逻辑思路是利用公共经济学理论对收费公路的准公共产品属性进行分析,并针对收费公路的公共产品属性和自然垄断行业特征,利用政府规制与竞争理论分析收费公路中的市场准入与收费规制问题。从理论和实证上分析收费公路建设中政府与市场的界限区分。对政府在收费公路建设中规制的缘由、目标、途径、规制工具、规制模式和规制界限等进行较详尽的研究,对收费公路的市场准入的主体、条件和方式以及程度和范围进行研究,并结合收费规制法律法规基础,对中国收费公路的收费价格和站点设置问题进行了详尽的讨论。在上述基本问题理论和实际情况明晰的基础上,结合中国收费公路案例,从操作层面上提出了市场化进程中的相关建议。本书最后综合上述研究论证对下一步收费公路的发展提出政策层面的建议。

本书的内容结构分为六章,主要框架介绍如下(图 1-1)。

第一章是绪论部分。介绍了论题提出的背景、研究空间和研究目标,本书写作的理论价值与现实意义,同时对本书所采用的研究方法以及本书逻辑思路和框架结构进行了说明。

第二章是本书所涉及的基本理论。运用公共经济学中的准公共产品理论,对收费公路的准公共产品属性进行论述,进而对准公共产品的市场提供理论进行了评述。另外论述了政府规制与竞争的基本理论及其演变,并结合中国收费公路的特点,研究了收费公路管理体制的理论问题,并明确了本书研究主要内容。

第三章是对中国收费公路历史、现状问题的分析。通过从不同角度总结过去

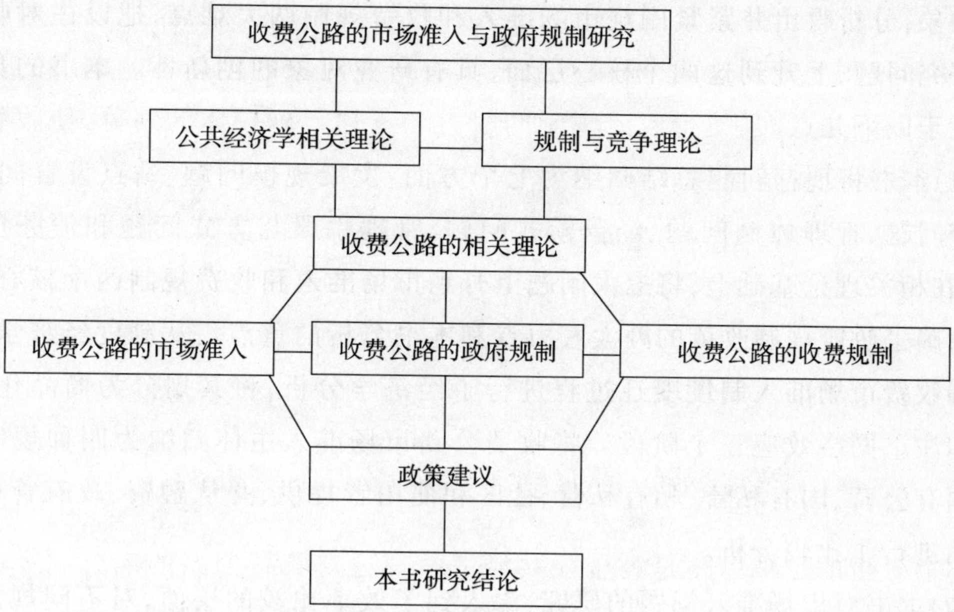

图 1-1 本书的研究思路与框架

的发展规律，对现状进行剖析，发现和总结目前发展中的主要问题，从而为本书的研究确立了市场准入和收费规制两个研究点。

第四章是收费公路的市场准入问题。结合收费公路的市场准入在国内外发展的经验，对收费公路市场准入的主体进行界定，重点分析了在市场化中政府主体行为，并对其市场准入的条件和方式、市场准入的程度和范围进行研究，最后对我国两种类型收费公路如何在市场准入中发展，提出了部分建设性的意见。

第五章是收费公路的规制问题的研究。本章具体分解了我国收费规制的目标内容，对收费公路的政府规制模式进行了详尽的分析，并对收费公路的收费价格和站点设置问题进行了解析。

第六章是本书的政策建议。

第六节 本书的创新点

总的来说，本书运用规制竞争理论分析中国收费公路发展中存在的问题，不同于以往单纯运用技术经济方法，而是侧重于具体层面方式手段。本书从政府管理的层面，把具体的技术经济方法和其他经济管理理论方法，统一于规制竞争理论框架之中，在理论应用扩展上具有较大的创新。同时，把收费公路作为本书的研究对象,分析得出并紧紧围绕市场准入和收费规制两大难点,把以往对收费公路的研究问题,上升到这两个核心层面,具有研究对象的创新性。本书的具体创新点在于以下几点。

(1)本书将现存问题总结归纳为七个方面:发展规模问题、站点设置问题、收费标准问题、管理体制问题、经营模式问题、管理手段与方式问题和债务负担问题,并在相关理论基础上,将七大问题上升到市场准入和收费规制两个核心层面,从而明确了政府规制改革的两大着力点和本书分析的重点。从制度经济学角度,对我国收费市场准入制度变迁过程进行了经济学分析,将其划分为商品化、打破垄断和注重网络效应三个阶段。将收费公路市场准入主体归纳为四种规制方案——国有公营、国有私营、私有私营、社区和使用者提供,并从融资、政府管理等诸多方面进行了比较分析。

(2)本书对市场准入问题的研究,深入到了效率比较的层面,对不同规制方案的设计,从基本的成本、效用函数出发,通过建立数学模型进行精确的分析。重点分析了信息是否完全程度下的成本补偿、最高限价等准入方式的效率比较,并将公司行为纳入分析框架一同进行了分析。得出的基本结论有:政府掌握公司的完全信息时,政府对公司的规制方案设计,就是一个最高限价方案,就可以达到对公司的充分激励;政府缺乏公司的技术成本信息时,需要在高效率激励方案和低效率成本补偿方案两者之间进行权衡,而不是当前政府所认为的单纯的所谓高效率方案就是高效率。政府可以提供多种规制方案供公司选择,可能某一方案会成为公司最佳的甄选。只有在市场竞争和良好的相对业绩评估才可使高效率的激励方案得以实施。

(3)本书将收费的规制研究主要放在路网收费层面,并对路网收费和公路收费的区别进行了界定。结合对收费公路规制目标市场结构的分析,对公路和路网两种形式,存在收费还贷为代表的政府主导型和特许经营为代表的商业经营型组合的四种收费模式的理论价格进行了数量分析和系统的比较。时序上,对不同收费公路经营阶段导入期、成长期和成熟期进行了分析。

第二章
本书涉及的基本理论

本章直接从收费公路的准公共性出发，论述了市场提供可能性和进行市场提供的相关因素的理论基础；在公共理论的基础上，结合收费公路规制制度变迁的逻辑，分析了规制理论发展的模式，提供了规制改革的理论依据；最后，为明确本书的研究理论内容，结合我国实际，对收费公路规制的相关概念进行了界定。

第一节　收费公路准公共性相关理论

收费公路的经济属性目前的研究已经基本清楚，其共识是收费公路兼具公共性和商品性两重性质，也就是公共经济理论中的准公共产品。

一、准公共产品理论归纳与评述

1. 公共产品的分类

从公共产品的基本特征可以看出，纯粹的公共产品中在现实生活中的情形实在太少，更多的情形是介于私人产品和纯粹公共产品之间。因此，公共产品的分类呈现出多样性。大体上，公共产品可分为两大类，纯公共产品与准公共产品。

在纯公共产品中，比较典型的例子是国防、灯塔等，可以纳入边际替代率分析的那类公共产品（当然，在广义上来理解公共产品的话，法律法规、收入分配甚至政府都具有公共产品的特征，在有些学者的著述中也往往把它们当作特殊意义上的纯公共产品）。

对准公共产品的分类是比较混乱的，其原因主要有：

（1）某些公共产品在供给方面具有公共性，而在消费方面却表现出私人性质，如义务教育；

（2）某些公共产品和私人产品互有交叉与渗透，难以确定其明确的界限；

(3)一部分公共产品既可由政府提供,也可由市场提供;

(4)某些产品在不同经济发展水平和不同体制的国家也表现出不同的产品属性等。

为了便于分析,这里仅从总体上将准公共产品分为两类(王惠臣,1997):一类是优效产品,即那些不论人们的收入水平如何都应该消费或得到的公共产品,这种消费往往带有强制的成分,如汽车安全带、社会卫生保健、住房和中小学教育等等。另一类是与规模经济有关系的公共产品,这类公共产品一般来说都属于社会基础设施,具有自然垄断性质,运输业就是其中典型的例子。其他具有网络经济效益的,如供水系统、通信系统、电力系统等产品也属此类。各种公共产品的分类及特点见表 2-1。

公共产品的分类及特点 **表 2-1**

	纯公共产品		准公共产品	
分类	1 类: 特殊意义的纯公共产品	2 类: 现实意义的纯公共产品	3 类: 自然垄断型标准公共产品	4 类: 优效型准公共产品
典型例证	收入分配、政府经济措施	国防、外交、法律、法规、警察	运输系统、通信系统、电力系统、广播电视、供水系统等	邮政服务、义务教育、预防性保健措施、文化娱乐设施等
主要特点	不能直接购买,只能通过纳税的间接方式实现;一般也只能由政府提供;具有广泛的外部经济性		一般是部分付款购买;政府与市场皆可提供;具有广泛的外部经济性;具有拥挤性质	

2. 纯公共产品、准公共产品与私人产品的区别

表 2-2 从消费特点上反映了纯公共产品、准公共产品与私人产品的区别。一般地,在自利原则驱使下,人们希望将需要完全由消费者个人支付的私人产品变成表 2-1 中的第 4 类,即免费和部分支付或象征性支付的优效型公共产品。进而人们希望把基本上免费的这些优效品变成第 3 类自然垄断性产品,希望它们的价格更便宜,政府的补贴更多。人们更希望把第 2 类的纯公共产品扩大,因为这些

纯公共产品可以不用付费即可尽情享用,希望把诸如国防这样全部免费(一般说法)的公共产品的范围扩大到所有的社会福利部门,如失业保险、公共交通等。这就是"搭便车"的心理状态,是一般的人类社会产品消费的心理趋向。它说明人们普遍要求政府提供和扩大更多的纯公共产品的消费趋势。这种福利"刚性"在西方福利国家和社会主义国家里都是普遍存在的。

公共产品与私人产品的区别 **表 2-2**

特点	纯公共产品	准公共产品	私人产品
1.消费时能否可分割	不可以(共享)	部分可以	可以
2.购买时能否独享	不可以	基本不可以	可以
3.购买方式	间接支付(税收)	部分间接、部分直接	自己直接支付
4.分配原则	公共选择(投票)	公共选择与市场购买	市场价格
5.个人有无选择自由	没有	几乎没有	有
6.不购买可否享用	可以	部分可以	不可以
7.是否可以鉴定好坏	不容易	不太容易	容易
8.使用时的浪费	不容易浪费	浪费较多	较少浪费
实例	国防、警察	义务教育、公路等	理发、衣服等

3. 准公共产品的特点—拥挤性

准公共产品的两类产品有一个共同的特点,即它们具有"拥挤性"。换言之,在准公共产品的消费中,当消费者的数目从零增加到拥挤点(可能是一个相当大的正数)时,就显得十分拥挤。在达到拥挤点之前的范围内,可以增加额外的消费者而不会发生竞争。当超过拥挤点以后,增加更多的消费者将减少全体消费者的效用。

在达到拥挤点之前,每增加一个消费者的边际成本为零,如游览公园,在街道上行走,等等。随着消费者的不断增加,超过拥挤点以后,新增加消费者的边际成本开始上升。当最后达到容量的绝对限制时,增加额外消费者的边际成本趋于无穷大(基础设施的消费尤其如此)。

布坎南(Buchanan)等对公共产品的可拥挤性进行了深入的研究,提出了著名的“俱乐部经济理论”。该理论认为,消费同一社区公共产品的消费者为同一俱乐部的“成员”,其中,每个成员对于该俱乐部范围内既定数量与质量的公共产品的消费效用都是其他成员消费该公共产品的函数。有些成员喜欢单独游泳,而有些成员可能偏好有相当多的人一起游泳。每增加一个游泳者,就会减少池中游泳者的效用。因此,在同一俱乐部内,成员的数目是该俱乐部范围公共产品的消费变量,是一种成本。拥挤性是准公共产品的一个非常重要的特点,它对不同体制下公共产品的生产决定、供给方式与消费后果等都产生十分重要的影响。

由于某些准公共产品的实际消费过程具有强烈的私人产品性质,所以,如果政府免费提供或只是象征性地收费,人们就可能过度消费该产品,而政府对多供给一些人消费所花费的边际成本就会很大,从而造成拥挤性的加剧。对于消费者来讲,他对该产品的购买就会达到他所取得的边际收益等于零的程度,而不管供给的真正边际成本是多少。

二、公路的准公共产品属性和特点

根据公共产品的经济学含义,公路显然不是纯公共产品,但也不同于私人产品,公路属于准公共产品,具有多重经济属性。公路的公共产品特性主要表现在以下几个方面:

(1)公路交通产生的巨大外部效益,不易分割,具有较强的社会性和公益性;

(2)公路设施具有自然垄断特点,不具备一般产业完全依靠市场竞争机制的条件;

(3)公路建设投资巨大,回收周期长,投资回报率较低,不可能完全依靠私人市场或市场行为投资建设。

公路的非公共产品的特性主要表现在以下几个方面:

(1)公路具有可以量化的使用价值和明确的直接受益者,具有特定的服务特性和一定的商品属性;

(2)公路运力的消费在一定条件下存在竞争性和排他性;

(3)公路基础设施产品可以提供不同的服务水平;

(4)公路不是纯公共产品,它具有鲜明的生产性,是国民经济的一个特殊生产部门。

第二节　准公共产品市场提供的理论进展

传统经济学的假设和理论观点都认为，市场制度在提供准公共产品方面是无能为力的。从20世纪70年代开始，以科斯、德姆塞茨、布坎南等为代表的经济学家对传统经济学理论的上述结论进行了批评，认为与传统经济学的结论相反，在很多情况下市场制度是行得通的，至少不能证明比政府提供方式具有更低的效率。

传统经济学家认为市场制度在提供准公共产品方面的低效率主要是源于准公共产品的两个本质特性；反对传统经济学的经济学家们也从主要是从这两个本质特性着手分析在什么样的条件下，市场制度是可以选择的，甚至是效率更高地提供准公共产品的方式。

一、对非排他性和免费搭车假定方面的批判

1. 高尔丁的贡献——“平等进入”和“选择性进入”

美国经济学家高尔丁（Kenneth. D. Goldin）在1977年发表了《*Equal Access VS. Selective Access: A Critique of Public Goods Theory*》一文[4]，对准公共产品的非排他性进行了有益的探索。在他的书中，创造了“平等进入”（Equal Access）和“选择性进入”（Selective Access）这样两个名词来概括他的基本思想。

高尔丁认为，几乎所有的产品或服务都可以用两种不同的方式来提供：一种提供方式，是指所有的消费者都可以免费消费该产品，可称为“平等进入”；另一种方式，是指只有付费的消费者才可以消费产品，而不付费的人则被拒之门外，可称为“选择性进入”。

高尔丁认为，传统经济学的准公共产品理论往往忽视了产品提供方式上的另一种途径，即“选择性进入”，某种产品或服务一旦被认定是准公共产品，那么它就应当由政府均等地免费提供给所有的消费者。在其看来，准公共产品的此种提供方式既不是必须的（唯一的），也不是高效率的。

高尔丁的结论是，没有什么产品或服务是由其内在性质决定它是准公共产品或者不是，存在的只是提供产品或服务的不同方式，即“平等进入”或“选择性进入”。这一富有创见性的思想引起了后来思考许多问题解决方法的思路。概括地

说，产品或服务采取何种提供方式取决于排他性技术（从技术角度来讲，将不付费者排除在对产品或服务的消费之外的现实可行的方法）和个人偏好的多样化（某个时期也许存在排他性技术，但从主观上讲人们偏向采用“平等进入”）。而这两类因素都是随时间变化而变化的，也许现在是以“平等进入”方式提供某产品或服务，而将来则是以“选择性进入”方式取而代之。因此，产品的提供方式并不是由产品的内在性质决定的。高尔丁强调指出，若准公共产品不能够通过市场手段被充分地提供给消费者，那是因为把不付费者排除在外的技术还没有产生或者在经济上不可行。福利经济学家最大的问题是忽视了“选择性进入”的可能存在，只是把注意力放在由萨缪尔森开创的方式上，即界定某种产品是准公共产品或私人品，而一旦某种产品或服务被判定为准公共产品，那么它就只能由政府来提供。

2．斯克米兹的确信契约和一致同意原则

美国经济学家斯克米兹（David. Schmidtz）认为[5]，在准公共产品的生产上存在着两个关键性的问题：一个是免费搭车问题，一个是确信问题（Assurance Problem）。后一问题概括的是这样一种情况：人们从主观愿望上来讲是愿意为准公共产品提供付费的，但担心由于其他人出于免费搭车的动机不愿付费，即使自己付了费也无法为提供准公共产品提供足够的资金，自己所付的费用会被浪费在毫无希望的项目上，所以不愿支持准公共产品的提供；而事实上，若这些人得到确实的保证，即自己的付出会有实际的效果，他们是愿意付费的。

斯克米兹首先在囚徒博弈模型中考虑确信问题。许多经济学家以囚徒博弈模型来概括准公共产品提供的性质，也就是说，每个人在决定是否为准公共产品的提供付费时都处于类似囚徒博弈的境遇。斯克米兹解决这一模型的方法是引入确信契约（Assurance Contracts）。确信契约是这样一种契约，它保证每一个为提供准公共产品出资的人在最终无法提供准公共产品时能够收回自己的资金，同时它要求当为生产准公共产品聚集了足够的资金时，每一个出资人都不能背弃自己的承诺。由于出资人得到了不会使他作无谓牺牲的保证，主观愿望上并不想免费搭车的出资人在考虑为准公共产品出资时就没有了后顾之忧[6]。

显然，在引入了一致同意原则以后，同意出资（Contribution）将是囚徒博弈的一个占优策略（Dominant Strategy）。斯克米兹强调指出，在准公共产品生产上，当自愿的方法不能够有效（Work Well）时，并不能因此就认定强制的方式会更有效率

(Work Better)。同时他还认为,理论上不存在统一的解决方案并意味着在实践中具体问题不能够有具体的解决方法。在现实世界中,市场方式是极其灵活的,譬如全体一致原则在集体规模非常大的情况下是很难实施的,但是,任何一个集体事实上都是由很多的小集体组成,小集体中成员的联系相对更加紧密一些,那么首先在小集体的代表之间就准公共产品的提供达到一致,然后再在小集体内部进行协调,这样全体一致原则就可以得到近似的实现。另外,提供准公共产品的企业家很可能会想尽办法来区别哪些人是的确不需要准公共产品而哪些人是的确需要的,并且只向后者收费。

二、德姆塞茨对准公共产品市场制度作用的强调

1. 准公共产品的市场提供条件

美国经济学家德姆塞茨(Harol. Demsetz)的《*The Private Production of Public Goods*》被认为是准公共产品领域中的一篇经典之作[7],德姆塞茨考虑的是在能够防止免费搭车的情况下市场定价无效率(Pricing Inefficiencies)问题。所谓市场定价无效率,指的是存在准公共产品消费上的非竞争性(Nonrivalrous Consumption),即消费者在零边际社会成本条件下消费准公共产品时,若采用利润最大化的原则定价,就会有部分消费者被排除在对准公共产品的消费之外。因为对于这些消费者来讲,为消费准公共产品所需支付的价格要高于准公共产品给带来的边际收益。在该书中,德姆塞茨得出两个结论:一是在能够排除不付费者的情况下,私人企业能够有效地提供准公共产品;二是若一个产品是准公共产品,那么对同一产品付不同价格是满足竞争性均衡条件的。

德姆塞茨的主要思想是以价格歧视的方法来对不同的消费者收费,这样做的根据是消费者对同一准公共产品具有不同的偏好。而价格歧视能够对准公共产品的消费者实施的理论基础在于消费者不能够独占对准公共产品的消费,在消费者之间不可能存在二级市场即消费者无法将其所消费的准公共产品向其他的消费者出售。

德姆塞茨首先比较了在生产准公共产品和生产联合提供产品(Jointly Supplied Goods)时市场对资源的配置情况。联合提供产品指的是一种物品可以提供一种以上的产品为不同的消费者所消费。一般来说,经济学家认为市场是能够有效地提

供联合提供产品的。布坎南认为对准公共产品和对联合提供产品的市场需求在性质上是一致的,因为生产准公共产品也是同时满足不同消费者的需求[8]。布坎南的这一观点受到萨缪尔森的批评。萨缪尔森认为对联合提供产品市场需求的增加将会导致完全竞争状态,而当准公共产品的消费者人数增加时却不会出现类似的情况。德姆塞茨不同意萨缪尔森的看法,他认为,只要排除不付费的消费者,布坎南的观点就是正确的。在准公共产品市场上,资源同样能够得到有效的配置[9]。

2. 市场制度和价格机制的重要意义

德姆塞茨在他的另一本书《*The Exchange and Enforcement of Property Rights*》中,从交易成本和保障成本(Policing Cost)的角度比较了市场方式和政府方式在提供准公共产品方面各自具有的特点,他着重强调了市场制度和价格机制在经济活动中所具有的无可替代性。他认为,在外部性和准公共产品问题上福利经济学的"市场失灵"(Market Failure)理论并没有从根本上说明市场制度和政府干预各自的优势和局限性[10]。

德姆塞茨认为福利经济学在分析有关市场失灵问题时没有将交易成本考虑在内。这一理论认为,由于准公共产品的非排他性和消费上的非竞争性,以及由经济人特征所决定的免费搭车问题,使得准公共产品以市场方式提供或者不可能或者不是最优的,德姆塞茨批评了福利经济学的这些观点。他认为,在很多情况下,市场低效率的结论是在最优理论被错误应用的情况下得出的。无论是市场方式还是政府干预都有交易成本产生。资源的重新配置(Resource Realignment)所产生的效益应当大于它所造成的成本,否则就不能否认原配置方式是最优的。在很多情况下试图以政府干预方式,来解决外部性问题和提供准公共产品所产生的成本,这可能会远高于外部性的存在和准公共产品的不能提供所造成的社会福利的净损失。

他还指出,福利经济学过分注意对资源配置方式的研究,却忽视了另外一个很重要的方面,即所交易的产品的市场价格不仅涉及到其自身还同人们对产品的支配权以及对这种支配权的保障有关。事实上许多产品正是因为在产权上缺乏有效的保障,结果导致这些产品的供给远远不能满足社会的需要,例如处于公海的渔业资源就是非常典型的一例。德姆塞茨认为只有极少数的非稀缺性产品

(Free Goods)才不涉及产权的问题,但是具有稀缺性的产品和劳务(这也正是经济学研究的对象),都需要界定它们的产权并且需要社会对产权进行有效的保障。因此,事实上任何一种具有稀缺性的产品和劳务,它的私人收益(Private Benefits)和社会收益(Social Benefits)都是不一致的,产品的市场价格不仅反映了产品的私人收益,还包括社会对产权的保障所付出的成本。在分析经济问题时不应当将社会在这些方面所付的成本排除在分析过程之外,否则就会得出不正确的结论。

德姆塞茨指出,在社会为保障准公共产品的产权付出的成本较低的情况下,就应当以市场方式来提供准公共产品,因为市场定价产生的信息可以引导资源进行有效的配置,这种信息所具有的价值和交易成本和保障成本(Policingc Cost)同样应当进入我们对准公共产品的成本效益分析之内。如果我们在某些经济领域不采用市场制度,就等于放弃了这一部分市场价格信息的价值。福利经济学家在考虑政府干预时,不仅忽视了政府干预同样需要社会付出成本问题,同时也没有考虑部分地放弃自由竞争市场制度所付出的代价。

概括地讲,传统经济学家认为市场方式在提供准公共产品方面不是最优的,而德姆塞茨的反驳是指出传统经济学家在从其分析中得出非最优结论时没有考虑对产品和劳务的产权的保障同样也需要成本。在把这些成本考虑在内的情况下,用市场方式提供产品的合理性就在于市场价格所提供的信息是具有价值的,如果它的价值大于保障产权的成本就应当用市场方式提供产品。那么,在交易成本和保障成本很高的情况下,是不是市场制度就一定无所作为了呢?德姆塞茨认为,在很多情况下,可以通过制度上的调整降低这些成本,同样也能够让市场发挥作用。另外,经济学家必须考虑技术进步在这方面的影响,人们可以利用新的技术来降低以市场方式提供准公共产品和公共设施所产生的交易成本和保障产权的实施所需的成本。

三、评述与启示

在上述准公共产品市场提供方式理论讨论中,对传统经济学的一些重要结论,现代的经济学家们做了许多的批判性工作,其研究成果对于本书命题的研究具有重要的启示意义。同时部分研究结论亦可作为本章后面具体主张的理论依据。

1. 对市场制度灵活性的强调

从科斯和德姆塞茨等人的研究结果可以看到，在很多情况下，人们是能够通过市场方式找出方法来克服收费上的困难的。在这方面，作为典型的交通基础设施之一的灯塔是一个突出的例子，传统经济学家们考虑到对过往船只收费上的困难，认为灯塔是一种典型的准公共产品。但在市场制度中，虽然灯塔管理者很难向船主收费，但灯塔管理者却可以委托港口管理者向船主收费，科斯对英国灯塔制度演变过程的考察所得出的结果向传统经济学家证明私人是可以建造并经营灯塔的，收费也是可行的。市场制度是非常灵活的，人们常常能够在彼此之间自愿达成各种协议和契约以促进各自的利益，在某种程度上，不能不承认这种灵活性常常超出经济学家的想象力。

公路基础设施在我国一直被看作是理所当然地要由中央政府提供的准公共产品，强计划经济下几乎可以不假思索地加以认定；在弱计划经济下一部分已退化为地方准公共产品；在弱市场经济下，以高速公路为代表的部分公路基础设施已经开始存在市场提供。因此，有理由相信在市场制度很高灵活性的强市场经济下，相当一部分交通基础设施是可以实现市场提供的。

2. 制度成本的重要意义

从研究的方法论上看，准公共产品市场提供分析突破了传统经济学的分析框架，将交易成本引入有关准公共产品的理论分析当中，意义重大。

市场是一种代价昂贵的结构，谈判是需要谈判者付出成本的，人们进入的经济过程越复杂，交易费用也就越高；同样，政府提供方式作为一种制度安排成本更高，如果不能证明市场制度下为提供准公共产品所需的交易成本超过社会为政府提供方式所支付的成本，就不能根据市场提供方式没有达到理论上的最优状态这种理由推论出市场制度是无效的这一结论，因为同样无法证明政府提供方式能够做得更好。简单地指出某种经济状况不是最优化是没有多少意义的，更不能仅凭这一理由就否定市场制度。

公路基础设施相对说来比其他产品的成本投入大、沉淀成本多、发挥作用时间长，因而涉及的关系多、影响因素多的结果必然造成交易成本的计量复杂或目前难以有效进行，故而是政府提供亦或是市场提供难有定论。然而目标已经明确，只要是将上述问题解决了，什么样的交通设施在什么情况下该由谁提供答案应该是明确的。

3. 对技术进步作用的强调

在准公共产品提供领域应认识到技术进步对准公共产品提供方式的影响。准公共产品之所以难以用市场方式来提供，一个很重要的原因在于准公共产品具有非排他性，也就是说，从技术上来讲，很难将不付费的人排除在外，使他们不能享有准公共产品带来的好处。上述研究的一个重要意义在于，提出准公共产品的非排他性并非是“与生俱来”、一成不变的，它是同社会的技术水平有着密切关系的。准公共产品之所以不能够由市场提供，唯一的原因是当前的技术水平使得排除不付费的消费者成本太高，在经济上来讲是不能够接受的，但许多在昨天不能够“排他”的准公共产品可以在今天借助现代技术实现“排他”，同样可以推论，那些在今大不能实现“排他”的准公共产品在明天借助未来的技术很有可能就做到这一点。而一旦人们找到了在经济上切实可行的排他性技术，原来的准公共产品也就变成了私人产品了。

技术进步不仅是推动经济增长的主要动力，而且在引导经济制度发生变化方面也起着重要的作用。技术的革新不断地改变人们生产、消费商品和服务的方式。这种改变不仅发生在私人产品领域，在准公共产品领域同样存在技术进步的作用。技术进步得越快，这种作用也就越明显。

这方面的典型例证是在智能交通技术发达的情况下，养路费的征收完全可以打破目前按辆征缴的方式，采用按不同车辆行驶占用路面的时间付费的方法，以使缴费更为合理。

4. 以制度变迁思想反对免费搭车假定

在准公共产品领域，传统经济学的一个重要假定就是人人都会“免费搭车”。传统经济学家认为免费搭车是个人的理性行为，虽然它的最终结果是导致集体行动的非理性，如果从博弈论的角度来看，产生的是非最优的均衡解。现代经济学的研究则认为，人并不仅仅是被动地接受经济制度，同时也是经济制度的积极创造者。当人们日复一日看到每个人的“理性”行为导致的是非最优的结果，人们就会从制度安排上来想方法实现帕累托改进。反传统经济学的经济学家在以制度变迁思想反对免费搭车假定方面，形成了两个成果。

从交通设施角度举例，当一条公路能够给某一社区带来很大的益处时，如果事实上每个人将为建设这条公路或这座桥梁只需付出很少的费用，该社区的某个成员是很难让其他人信服这条公路或这座桥梁对于他来讲没有什么益处，或者实际上这种益处会超过他需为此付出的成本的。该社区成员当然可以坚持免费搭车，拒绝为建设公路出资，但如果他是一个理性个人的话，他一定会知道这样的做法将会给他和其他社区成员乃至整个社区的关系带来负面的影响，许多人或者整个社区在将来都可能拒绝同他合作，特别是当他在某个时候的确需要这种合作时。因此，这种情况下，是有理由怀疑免费搭车假设的。最新的经济研究认为，在这种情况下同免费搭车假设相反，是能够形成一项提供准公共产品的自愿协商性质的契约的。在这里需要指出的是，并不是所有的准公共产品都会有这样的契约产生，特别是对于那些涉及全社会利益的准公共产品是不能够期待这样的契约出现的。因为为达成这样的契约所需付出的交易成本太大了。但是市场方式至少能相当一部分准公共产品提供委托。

当然，公路的市场提供，在确实可行的情况下也可能出现另外一种问题，如公路的分段所有，则造成收费设卡过多，又会增加行驶时间、降低行驶效率，造成福利损失。这又是一种收益—成本的计算题目，又会有新的谈判和选择。然而如果人们是理性的，应相信在未来会出现一种更为合理的制度安排。

第三节　规制与竞争理论相关理论

一、规制的基本涵义

关于规制的含义的界定有几种看法。布雷耶尔、麦卡沃伊认为："规制，尤其在美国，指的是政府为控制企业的价格、销售和生产决策而采取的各种行动"。史普博认为："规制是由行政机构制定并执行的直接干预市场配置机制，或间接改变企业和消费者供需决策的一般规则或特殊行为"。于立、肖兴志认为："规制是指政府对私人经济活动所进行的某种直接的、行政性的规定和限制"。张女曼、马丽波认为："规制"一词来源于英文'Regulation'，是规制部门通过对某些特定产业或企业的产品定价、产业进入与退出、投资决策、危害社会环境与安全等行为进行的监督与管理。王俊豪认为："政府规制是具有法律地位的、相对独立的政府规制者（机构），依照一定的法规对被规制者（主要是企业）所采取的一系列行政管理与监督行为”。从以上这些界定来看,基本上具有如下共同点。

(1)认为政府规制机构是政府行政机构,政府行政机构制定规制法规,依据法规实施规制;

(2)认为政府规制基本上是对企业的规制。这样界定的政府规制实际上只是限于政府规制的一部分领域,即经济规制。

由此可见,规制是由行政规制机构强制执行的置于市场中的一般规则或特殊行为,通过直接干预市场配置机制或间接改变消费者和厂商需求与供给数量而起作用。规制基础是每个限制市场一方的规制行为必将对市场的另一方产生相同或相反的影响。

在这个理论框架中,可以识别三种类型的规制:第一,规制直接干预经济机制,这里包括价格规制、产权规制和合同规定的限制。第二,规制也可以通过影响改变消费者决策来影响市场均衡。第三,规制通过改变厂商决策来影响市场均衡。这包括产品特性,如质量、耐用性和安全的规定。在标准的市场模型中,市场由两种类型的经济部门组成:消费者和厂商。消费者是在给定市场价格的条件下,通过确定他们最偏好的商品组合,来选择需求的商品。而企业是通过代表它们生产能力的技术来表现的,厂商选择相应投入和产出量以达到利润最大化,市场均衡价格是总的消费需求和总的厂商供给之间相等时的价格。

价格规制限制市场价格结构的调整和在买卖双方之间的价格谈判。对企业交易价格的规制也就减少了消费者可以利用的竞标的机会,价格下限能有效地限制市场需求,激励产品的过度供给。行政规制机构是通过合法程序为某种政策目标而建立的政府部门,通过法规确定的价格下限,需要额外的强制执行成本,用来限制供给或者避免供给者提供竞争性折扣。价格下限一般是通过政府补贴维持的。维持高于成本的价格会刺激进入,增加总的补贴。没有额外的进入限制,政府用于价格补贴上的费用会不断增加。反之,一个价格上限削弱了价格对市场需求的理性功能,对增加供给缺乏激励。价格上限,如房租规制会产生过度需求。而供给量减少,社会中就会产生黑市、产品质量退化、排队抢购或歧视性价格规定等现象。

二、规制的原因

政府规制的起因是由于它具有纠正市场失败(Market Failure)的功能,如果规制被看作消费者、厂商和规制机构既相互依存又讨价还价的过程，那么这个过程的起点是市场失败。

规制如果可以分类，则第一类是试图纠正进入壁垒(Barriers to Entry)所导致的不完全竞争的规制形式。进入壁垒是一种生产成本，这种成本是由打算进入这一产业的新的厂商必须承担，而已在该产业内的厂商无须负担的。由三方面构成进入壁垒：一是沉淀成本。二是由政府设置的许可证、关税等也构成进入壁垒，如出租车的牌照就是作为绝对的进入壁垒。三是可耗竭资源的所有权，这是一种绝对的进入壁垒。一般说来规模经济、产品差异和绝对成本优势是进入壁垒的主要表现形式。首先，可以通过市场力量和政府力量设置进入壁垒，但使这两种力量起作用的核心是进入厂商承担的沉淀成本。当然，政府规制可以加大或削弱进入壁垒。

第二类是减少具有外部性交易中对第三方产生的成本的规制形式。外部性是在两个没有任何确定相关的经济交易条件的经济组织之间，由一方提供给另一方的一组约束。外部性的关键问题是两个机构之间的经济关系，强调商品在没有任何经济交易的两者之间的转移，这就意味着在供给者和接受者之间，至少在形成事实之前，没有任何有关外部性补偿的谈判。外部性很难体现在双方合同的相应条款上，所以，外部性的存在使得市场竞争不可能达到最优，会使部分人受益或受损。

第三类是针对产品质量、工作场所安全或者合同条款完善程度的规制，它源于内在性(Internalities)。内在性是由交易的各方所承担的交易成本和收益，有负的和正的两种类型。负的内在性如产品的缺陷对消费者的损害，而这些缺陷并未在合同条款中加以说明；正的内在性的典型例子就是受雇佣者受到的非正式的在岗培训，这也不能在雇佣合同得到充分说明。

三、收费公路规制变迁的理论基础

收费公路从产生到迅速发展，直至政府重新考虑其发展的合理化，是和规制理论发展相吻合的，规制理论的进展为收费公路规制变迁提供了理论基础。

自有政府规制以来，规制理论的发展基本上就是沿着"规制为谁服务"的争论展开的。最早的规制理论是建立在传统观点上的公共利益理论，该理论将政府规制的目标定为公共利益最大化,后因实践中政府行为目标的偏差和特殊利益集团对规制的寻求,被政府俘虏(Regulatory Capture)理论所替代。政府俘虏理论的建立和发展使人们充分认识到规制失灵的存在,从而导致各市场经济国家大规模的政府规制改革,包括放松规制和激励规制。与此同时,政府规制理论也朝着两个方向发展:一是为放松规制实践服务的放松规制理论;二是意在提高政府规制效率的激励规制理论。

1. 公共利益理论

规制的公共利益理论的主要代表人物卡恩(Kahn)认为,规制的实质就是政府命令对竞争的明显替代,作为一种基本的制度安排,政府试图用规制来维护良好的经济绩效。在卡恩看来,规制所强调的领域就是对垄断和规制费率的决定。卡恩对规制制度进一步扩展为:导源于收益率规制的投入扭曲(Averch - Johnson effect)、自然垄断与规模经济以及受规制产业内的竞争。因此,如何确定对垄断企业进行价格规制以及规制的费率,是传统的规制公共利益理论的主要内容[11]。

(1)价格规制的基本方法主要是按照边际成本定价、按平均成本定价和非线性定价。卡恩强调,短期边际成本是公用事业有效定价的适当基础,而任何固定成本都不应当在价格中有所反映。卡恩论证出被规制的单一产品或多种产品企业中,使用边际成本定价法已经成为微观经济学的中心政策处方。按边际成本定价就是假设某个处于自然垄断的企业,其平均成本随着产量的增加而下降,政府为了实现帕累托最优,对该企业生产的产品或服务按实际的(或观察到的)边际成本定价。在边际成本定价中,由于企业的边际成本低于平均成本,企业会出现亏损,这时候需要政府对企业进行补贴。但是政府补贴存在两个问题:一个是对亏损企业的补贴会减少企业控制成本的动机和努力;再一个就是导致没有购买该产品的消费者补贴了那些以边际成本购买该产品的消费者。因此,边际成本定价未必是一种现实的价格规制方案。

平均成本定价被认为是仅次于边际成本定价的次优定价。如果规制者不能给予企业外部性的补贴,又不能允许企业进行价格歧视,则规制这所制定的价格必须是在保持企业能够存在的前提下的经济利益最大化。因为在最优的情况企业处于亏损。所以,为了满足企业的经济利润非负的条件,必须损失一定的净福利。当价格等于平均成本时,被认为是除了以边际成本定价的最优定价以外的次优的定价。

(2)规制公共利益理论的进展。传统的规制公共利益理论的假设前提上政府的规制是没有成本的,而且规制者关于被规制者的信息是完全的。事实上,这两个假设都不成立。显然,交易费用为零的世界是不存在的。许多研究都在试图对规制的成本和收益进行估计,以判断规制是否起到了预期的作用,以及规制的成本是否已高于规制的收益。根据 OECD 的估计,1986 年规制的全部成本占到 GDP 的 9%～14%。根据澳大利亚的竞争政策研究所 1992 年发表的国家竞争政策评论,如果政府采用该报告建议竞争政策,可以每年获得相当于 GDP 的 5.5% 的收益。美国每年的联邦规制成本,1977 年达到 3130 亿美元,到 1991 年上升到 4130 亿美元。哈恩和赫德(Hahn and Hird,1991),以及维斯库斯(Viscusi,1995)估计了美国联邦规制的成本和收益(表 2-3),这些表明规制制度和程序确实需要花费大量的成本。

美国联邦规制的成本和收益估计(单位:亿美元)　　**表 2-3**

规制类型	成　本	收　益	估　算　者
经济规制	460		哈恩和赫德
	730		维斯库斯
社会规制	780～1071	419～1815	哈恩和赫德
		30(不包括环境规制)	维斯库斯
		2800(1990～1995 年)	哈恩
环境规制	554～776		哈恩和赫德
	870		维斯库斯
	600～1600(1977～1994 年)		美国环保署(EPA)

资料来源:Hahn, R.W, and J.Hird, 1991, The Costs and Benefits of Regulation: Review and Synthesis, Yale Journal of Regulation, 8:P233－278.;Hahn, R.W., eds., 1996, Risks, Costs, and Lives Saved: Getting Better Results from Regulation, New York: Oxford University Press and AEI Press.;Guasch, J.L., and R.W.Hahn, 1999, The Costs and Benefits of Regulation: Implications for Developing Countries, The World Bank Research Observer, 14(1):P137－158.

与此同时,规制的信息不对称问题也促使传统的公共利益理论有了新的进展,规制经济学近 20 年来最主要的发展就是在规制问题中考虑了信息的约束。罗马和马加特(Loeb and Magat)最先将规制看成一个委托—代理人问题,巴龙和梅耶森(Baron and Myerson)、拉丰和蒂罗尔所做的工作是现代规制理论发展过程中最重要的工作[12][13][14]。尤其是拉丰和蒂罗尔对信息不对称下的新规制经济学进行了最完整的阐述。

由于信息不对称,效率与信息租金是一对共生的矛盾,也就是说,在得到效率的同时,必须留给企业信息租金,而信息租金会带来社会成本。因此,规制控制并不是免费午餐:虽然规制可以避免企业得到垄断利润,但是必须付出效率的代价。为了得到较好的规制政策,政府需要尽可能利用企业的私有信息,即实现企业的自我选择。这就是新规制理论最基本的结论。新规制理论的政策含义是可以运用某些特定的规制工具实现最优规制,如成本补偿机制和定价政策,它们也是规制政策中的核心内容。在规制经济学中,把具有不同激励程度的成本补偿机制称之为激励规制,这是当前规制改革的最主要的特征。而且在当前规制改革中主要考虑的问题一般涉及两个最基本的问题:一是为什么需要提供不同激励制度的规制机制;二是定价到底应该遵循什么样的经济学原理。

2. 政府俘虏理论

1971 年,斯蒂格勒(George J. Stigler)发表《经济规制理论》,首次尝试运用经济学方法来分析规制的产生,开创了政府俘虏理论。以后匹兹曼(Sam Peltzman)、贝克尔(G.S.Becker)等人在其基础上,进一步发展和完善了该理论。政府俘虏理论认为,由于立法者和规制机构也追求自身利益最大化,因而某些特殊利益集团能够通过"俘虏"立法者和规制者而使政府提供有利于他们的规制。由于在政府规制分析中引入了新古典经济学的经济人假设,该理论也被称为规制的经济理论[15]。

(1)斯蒂格勒—匹兹曼模型。斯蒂格勒在其经典著作《经济规制理论》中,提出了两个基本假设:一是政府的基本资源是权力,各利益集团能够说服政府运用其权力为本集团利益服务;二是规制者是理性的,选择使其效用最大化的行为。在该假设的基础上得到的结论是,政府规制是为适应利益集团最大化其收益需要的产物,一个特定的利益集团能够通过说服政府实施有利于自己的规制政策,从而把社会其他成员的福利转移到自己手中。斯蒂格勒还通过大量实证研究,证明规制通常是产业自己争取来的,规制的设计与实施主要是为受规制产业的利益服务的。遗憾的是斯蒂格勒并没有给出政府与利益集团之间达成某种规制的均衡模型。1976年匹兹曼发表《走向更一般的规制理论》一书。该书从公共选择理论出发,建立了一个规制的政治均衡模型,从而完善了斯蒂格勒理论。后人将其合称为斯蒂格勒—匹兹曼模型[16]。

匹兹曼认为利益集团对规制者提供政治支持,以作为获取有利规制立法的交换条件。在这样的假定下,一个规范的政治均衡就由规制者选票数量的无差异曲线和利润曲线的切点给出。规制的最优价格介于完全竞争价格和完全垄断价格之间,表明现实中最有可能受规制的产业是接近完全竞争或接近完全垄断的产业,因为从完全竞争价格和完全垄断价格向规制价格移动,对规制者来说,能产生更大的政治支持。匹兹曼模型的贡献在于,揭示出一条规律,即规制是利益集团和规制者所共同喜好的一种制度。同时表明,规制易于使组织得更好的利益集团受益,因为组织得更好的利益集团能够提供更大的政治支持,并能从中获取更多的收益。

(2)贝克尔模型。匹兹曼模型侧重于从规制者角度考察规制均衡的实现,却忽视了利益集团之间的力量对比。贝克尔模型力求在利益集团相互竞争的条件下给出政治均衡的结果[17]。

该模型强调规制活动取决于利益集团的相对影响,这种影响不仅被规制的福利效应所决定,而且被利益集团向立法者和规制者施加压力的相对效率所决定。其结论是规制倾向于增加更有影响力的利益集团的福利。

贝克尔模型的一个重要推论是:如果规制产生的边际净损失增加,那么规制活动的价值将会减少,因此,政府更有可能选择增进福利的规制政策。由于规制竞争行业的福利净损失大于规制垄断行业所造成的福利净损失,所以,在存在市场失灵的垄断行业更易发生政府规制。这就为政府规制的公共利益理论提供了一些解释,然而与公共利益理论不同,贝克尔并没有说政府规制只有在市场失灵时出现。

政府俘虏理论为现实中的规制失灵提供了理论解释。因此,该理论的兴起和发展增强了反政府规制的倾向,导致20世纪70年代以后西方国家的放松规制运动。但在现实中,全面的放松规制又是不可能的。许多国家对某些领域的规制仍然很有力度,有些甚至还有加强趋势。这就促使人们从理论和实践两方面去探讨规制的改革问题。新政府规制理论分化为两个方面:一是为各国放松规制实践服务的放松规制理论；二是以提高规制效益为目的的激励规制理论。

3. 放松规制理论

随着规制实践的进行，规制失灵和规制成本的上升，导致市场经济国家大规模的放松规制运动。这也在理论上，促使经济学家提出了相应的放松规制理论：一是在充分认识规制失灵的基础上，提出了规制的成本—效益理论；二是对作为经济性规制的主要理论基础——传统自然垄断理论进行反思和修正后，提出了新自然垄断理论和可竞争市场理论。

(1) 政府规制的成本—效益理论。市场失灵是政府规制存在的必要条件，但市场失灵并不是政府规制的充分条件。因为政府规制同样会出现失灵，即规制失灵。规制失灵主要表现在以下四个方面：企业内部无效率；规制费用及其增加；寻租成本的产生；规制滞后产生的损失。此外，规制还可能导致企业技术革新的停滞，服务和收费的多样化，降低收费水平的进展缓慢等。规制失灵所造成的成本统称为规制成本。规制效益则是指一项规制新增加的收益，可以用社会经济福利的增加来表示。该理论认为，如果一项规制的效益大于成本，实施规制将有意义；相反，如果一项规制的效益小于成本，则应改革规制包括取消规制和激励规制。

(2)新自然垄断理论。传统的自然垄断理论用规模经济来定义自然垄断，新自然垄断理论用成本的弱可加性来定义自然垄断[18]。所谓成本的弱可加性，是指由单个企业生产给定产量的总成本小于多个企业生产时的总成本。成本的弱可加性不一定要求企业在整个有关产量范围内具有规模经济，因此用成本的弱可加性定义自然垄断，在一定程度上拓展了自然垄断的范围，也解决了长期困扰经济学家和政府关于自然垄断的两难选择问题(即规模经济与竞争的两难选择)。

(3)可竞争市场理论提出可竞争市场概念。可竞争市场，是指来自潜在进入者的竞争压力对市场上的供给者行为构成很强约束的市场。如果实际或潜在竞争约束足够强，使市场近似于竞争市场，不论市场是否属于垄断结构，规制都不是必要的；如果事实上的市场力量不是足够强，则对自然垄断的规制就有一定作用[19]。可竞争市场理论使得对自然垄断的规制并不成为必然，从而为自然垄断产业的政府规制提供了一种新的思路。

综合新自然垄断理论和可竞争市场理论，虽然自然垄断的新定义扩展了自然垄断的范围,但可竞争市场理论却认为对自然垄断的规制并不必然。从而为20世纪70年代以来世界各国对自然垄断产业的放松规制提供了理论依据。

4. 激励规制理论

放松规制理论虽然为自然垄断产业的放松规制提供了一定的理论依据,但并不能据此取消全部规制,在许多情况下尤其是自然垄断条件下仍然存在规制的理由。另一方面,虽然规制效益大于规制成本时,实施规制有意义,但毕竟规制失灵和规制成本上升的现象又不容忽视,所以尽可能地降低规制成本也是必要的。为了对继续保留的规制进行改革,以提高受规制企业效率,降低规制成本,激励性规制应运而生。激励规制就是在保持原有规制结构的条件下,给予受规制企业以提高内部效率的刺激,即给予受规制企业以竞争压力、提高生产效率和经营效率的正面诱因。

(1)特许投标(Franchise Bidding)制。1968年德姆塞茨(Harold Demsetz)发表《为什么规制公用事业?(*Why Regulate Utilities?*)》的重要著作,提出了特许投标制理论。特许投标制就是在政府规制中引进竞争机制,通过拍卖的方式,让多家企业竞争某一产业的特许经营权,在一定的质量要求下,最终由提供最低报价的那家企业获取特许经营权[16]。特许投标制较好地解决了传统政府规制所难以解决的企业对信息的垄断问题,不仅提高了效率,而且减轻了规制者的负担,被认为是一种能提高经济效率的替代直接规制的方法,在某些领域具有相当的应用潜力,但它并不适用于所有产业。实践中,投标者串谋、信息不对称及由此带来的竞争不充分、资产转让、特许合同的款项与管理等具体问题的存在,可能导致投标竞争的结果不尽如人意。

(2)区域间竞争理论。区域间竞争理论针对规制者与受规制企业间的信息不对称而提出。区域间竞争是指将受规制的全国性垄断企业划分为几个地区性企业,使特定地区的企业在其他地区企业绩效的刺激下提高自身内部效率。因此,区域间竞争不同于同一市场上不同企业间的直接竞争,它是不同地区的垄断企业之间的间接竞争。区域间竞争理论的代表模型是施莱佛(A. Sheifer)提出的区域间竞争模型和施蒂芬·李特查尔德(Stephen. Littlechild)的应用模型。

施莱佛模型认为提高企业效率的关键是打破某企业的价格由其成本决定的方式,改由其他企业的成本来决定该企业的价格。该模型提供了信息不对称条件下一个具有一般意义的解决方法，而该模型的一个严重缺陷是假定所有企业在相同的环境下经营。事实上，不同地区垄断企业的经营环境是有差异的，这种差异导致企业间的成本差异。如果规制者能充分把握这种差异，那么区域间竞争将会更加有效[20]。李特查尔德在1986年对英国自来水产业规制的报告中，首次将区域间竞争理论应用于实践，结果表明竞争是一种有效的规制机制，从而引起人们对这一理论的广泛关注[21]。

(3)价格上限规制模型。英国政府在20世纪80年代初的规制体制改革中，委托李特查尔德设计了一个价格规制模型。李特查尔德认为，价格规制的主要目标是把价格和利润保持在一个既不失公平，又对企业有提高效率刺激的水平上。从此目标出发，李特查尔德把规制价格与零售物价指数和生产效率挂钩，并最终促成了价格上限规制模型的形成。价格上限规制模型的主要特点，是政府对企业价格的直接规制，并且在规制价格的同时给企业以利润最大化的自由，赋予企业通过技术创新和挖掘生产潜能提高生产效率的激励[19]。但该模型只规制价格的变化量，而对规制价格本身是否合理，如何使规制者和受规制企业达成一致的符合实际的生产效率增长率等方面依然存在问题。

(4)社会契约制度(或称成本调整契约)。社会契约制度是指规制者与受规制企业之间在修订收费时就设备运转率、热效率、燃料费、外购电力价格、建设费等签订合同，企业如能实现比合同规定更好的成绩则给予报酬，否则予以处罚。20世纪80年代中期美国曾在电力事业部门中广泛实行该制度。

由上述理论所推导出的规制改革变迁模式，可用如图2-1所示。

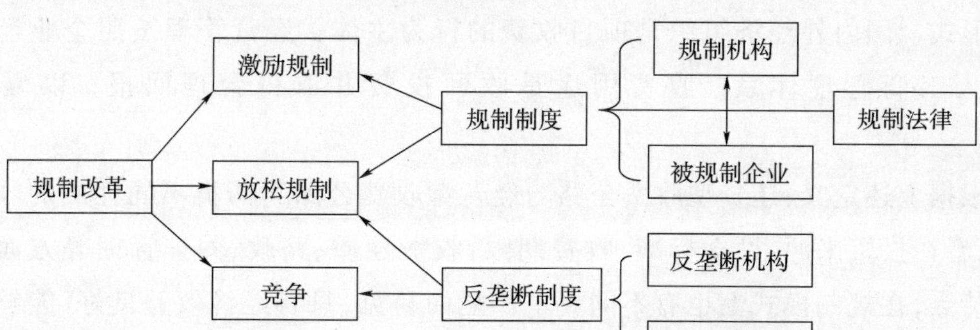

图2-1　规制改革的基本模式[22]

第四节 收费公路规制的相关概念

一、收费公路规制体制

收费公路规制体制，就是为实现收费公路持续、健康发展目标建立的一种制度体系。它由收费公路规制机构、收费公路规制者、收费公路规制条例和收费公路运行模式4个部分组成。收费公路具体的规制体制，是指相互联系、相互制约的各组织机构之间的格局、配置和规制权限划分的制度。中国收费公路规制体制，是指国家规制收费公路的组织制度，包括机构设置、工作职能和运行方式。

规制机构，是规制的主体，是指各级计划部门、经济部门、企业或者专业公司以及联合企业等。

二、两类收费规制模式

经过十几年的实践与探索，中国收费公路逐步形成了还贷型与经营型两类管理模式。还贷型收费公路，是指由交通主管部门利用贷款或集资建成的公路，属于行政事业型组织形式，公路主管部门或其所属机构是项目收费的行为主体，收费管理按照行政事业收费性质纳入财政管理体系，实行收支两条线，收费用途是偿还贷款和集资，不以赢利为目的。经营型收费公路，是指由国内外经济组织依法受让收费公路收费权的公路或由其依法投资建成的公路，属于企业型组织形式，国内外经济组织是项目收费的行为主体，经营管理按照企业经营性质纳入工商管理体系，收费用途是收回投资并取得合理回报，以赢利为目的。

根据上述定义，还贷型收费公路与经营型收费公路为两类不同性质的收费公路，两者在投资来源、设立标准、收费期限、收费性质、路政、养护管理等方面都有不同特点，在规制模式上也有不同要求。显而易见，只有经济效益良好、能够收回投资并取得期望回报的公路项目，才能真正吸引商业投资人，发展成经营型收费公路。为了引导和规范经营型收费公路的发展，现行法规将经营型收费公路的范围限制在高速公路和一级公路之内。相对而言，还贷型收费公路对项目条件的要求比较宽松，具有更广泛的适用性。由于两者收费用途的不同，它们在收费期限上也有明显差别，还贷型收费公路的收费期限一般短于经营型收费公路。详细对比，如表 2-4 所示。

收费还贷与收费经营比较　　表 2-4

项　目	收费还贷	收费经营
投资与收费主体	交通(公路)主管部门	国内外经济组织
资金来源	贷款或集资	自有资本
收费性质	行政事业型	企业经营型
收费用途	偿还贷款或集资	收回投资并取得期望回报
收费期限	由还清贷款和集资本息确定(一般 20 年以内)	由协议双方根据收回投资并取得期望回报确定(一般 20～30 年)
项目要求	具有一定经济效益	具有良好经济效益
设立标准	二级以上新改建公路	高速公路和一般公路
路政	公路主管部门	公路主管部门
养护	公路主管部门	项目经营者
税收政策	免缴营业税和所得税	按章缴纳营业税和所得税

三、收费公路规制的构成要素

收费公路规制的构成要素，就是收费公路规制研究的主要内容，包括：第一，收费公路的规制目标，即政府通过发展收费公路以期达到的最终目标；第二，收费公路的规制主体，即通常说的中央政府、中央政府交通主管部门、地方政府等；第三，收费公路的规制客体，即各种形式的收费公路和收费公路公司；第四，收费公路规制的介质(规则)，即各种规制条例和规范。

四、收费公路规制的影响因素

影响收费公路发展规制的因素很多,最主要的是以下几个方面:公路的投资主体、公路的技术等级、国家经济政策,社会经济发展等[23]。

1. 投资主体

投资主体不同的收费公路,其规制方式和经营方式都有所不同。例如以政府投资为主的收费公路,多数是由政府直接规制的以还贷为首要目的的。其规制和经营方式与私人投资的、以获得最大回报为目的的经营型收费公路之间就存在明显的不同。因此,投资主体是影响收费公路规制的一个主要因素。

2. 公路的技术标准

高等级公路由于其明显的级差效应,更具有进行收费的合理性。而普通公路,特别是低等级公路,由于其更强的公益性和社会性,则基本不具备收费的合理性和可行性。所以,公路的技术等级,是影响收费公路管理的又一个主要因素。

3. 国家政策法规的相互影响

由于国家正处于经济变革的时期,各行业陆续出台、改革多项政策法规。由于多年计划体制形成的部门分割,造成不同部门出台的政策之间经常出现相互不协调的问题,例如对收费公路转让经营期的规定,国家发改委和交通部的规定就不一致,诸如此类,不胜枚举。因此,国家政策法规的不连续、不完善、不协调,也是影响收费公路规制的一个重要因素。

4.社会经济发展水平

随着社会经济发展水平的提高,人们的出行逐渐增加,社会发展对公路运输的需求也增加较快,人们对出行的需求也趋于多样化。总体而言,经济越发达的地区对交通出行的需求就越大,对出行质量的要求就越高,对收费公路的承受能力也越强。收费公路的自我发展经营能力也越强,在经济相对落后的地区则全部相反。因此,政府对不同社会经济发展水平地区的收费公路应有不同的规制重点。

五、收费公路规制的主要内容

如前所述,规制是个大概念,包括从宏观的领导、治理、调控到微观的一般行政规制和事务处理等整个范畴。收费公路规制是通过规制体制实现的。收费公路规制体制，是收费公路规制系统、运行机制和运行规则的总称，其组成要素包括收费公路规制组织形式、机构设置、权责划分、运行规则、人员构成及运行方式等，是一个由国家、部门、地区、企业各个层次，规划、设计、建设、运营、养护、使用等各个环节所形成的网络体系。因此，收费公路的规制是一个包含几个层次、多个环节、内容丰富的系统工程，如图 2-2 所示。

本书将主要站在中央和地方政府交通主管部门的角度，将研究的重点放在宏观规制层面，重点研究如何建立合理有效的体制，制定合理的体制运行规则使这个系统能够有效运行，实现收费公路的规制目标。一是如何建立一个适应中国收费公路发展的、合理有效的规制体制；二是如何丰富、改进现有的规制手段，以实现使收费公路持续健康发展的规制目的。

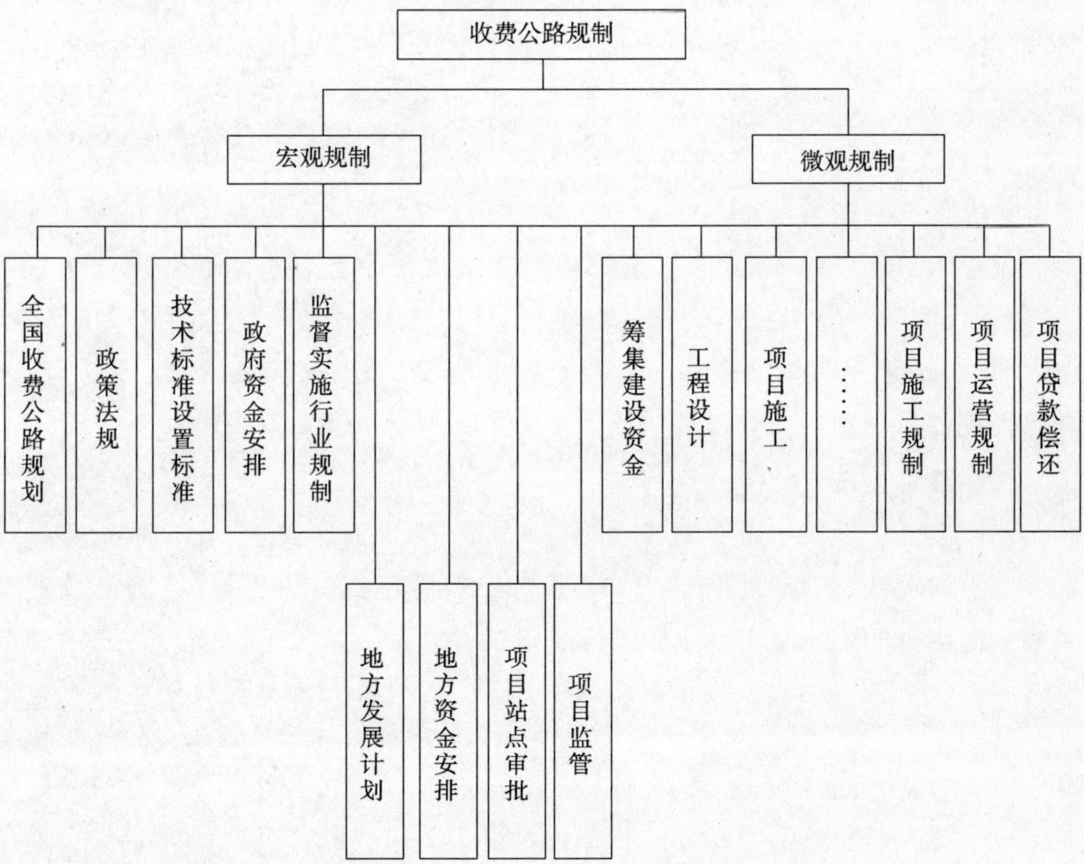

图 2-2　收费公路规制的主要内容

第五节　本章小结

通过对本书相关理论的分析,本章的主要包括如下结论。

(1)收费公路属于准公共产品。

(2)收费公路作为准公共产品具有市场提供的理论基础。

(3)规制理论沿着规制公共利益理论、政府俘虏理论、放松规制理论和激励规制理论的逻辑进展。

(4)中国收费公路规制分为还贷型和经营型两种模式。

(5)中国收费公路规制分为宏观和微观层次,本书主要研究宏观层次内容。

第三章 中国收费公路的历史沿革、现状及问题

本章从收费公路发展的沿革入手，从发展规模、管理体制、融资状况等方面详尽考察了中国收费公路现状，辨析出了发展中存在的发展规模问题、站点设置问题、收费标准问题、管理体制问题、经营模式问题、管理手段与方式问题和债务负担问题等七个方面。并将此七个方面的问题归结为市场准入和收费规制两个层面，从而找到了本书分析的切入点。

第一节　整体历史沿革

建国以来，公路建设发展很快，取得了辉煌的成绩。解放初期，全国能通车的公路仅为 8 万多公里，中央及各级地方政府和交通部门根据当时国际、国内特殊的政治、经济形势，在积极修复原有公路基础上，实行依靠地方、依靠群众、普及为主的"地、群、普"公路建设方针，相继开展了几次大规模的公路建设，使全国公路网总规模扩大到 1978 年的 89 万公里，比建国之初增长了 10 余倍，初步建立起了全国性的交通网络。

经过改革开放 20 多年的努力，我国公路交通面貌得到了极大的改观。截至 2006 年年底，全国公路总里程达到 348 万公里(含农村公路)，比 1978 年增加近 260 万公里，高速公路实现零的突破，通车里程达到 4.54 万公里，居世界第二位，公路交通对国民经济发展的"瓶颈"制约得到了缓解。回顾 20 多年我国公路建设所取得的巨大成就，不难发现"贷款修路、收费还贷"为主导的收费公路政策发挥了功不可没的作用。从 20 世纪 80 年代中期我国实行收费公路政策至今，收费公路已走过了 20 多年的历程，回顾总结其发展，大体可将其发展过程分为实践探索、快速发展和规

范治理三个发展阶段。收费公路从实践探索到规范治理的发展过程,是中国收费公路规模不断扩大的过程,是收费公路政策对我国公路事业发挥巨大推动作用的过程。

一、实践探索阶段(1979~1991年)

1. 概况

进入20世纪80年代,随着改革开放政策的实施和国家发展重心向经济建设的转移,我国的社会经济、生产力布局及产业结构发生了较大的变化,公路的基础设施对社会经济发展的瓶颈制约充分显示出来。由于我国长期以来公路建设资金缺乏稳定的来源,国家对公路的投资比例很小,而对适应经济飞速发展急需的高等级公路建设资金更是极度匮乏。面对公路交通发展受建设资金严重短缺的长期困扰,建设收费公路是一项重要的改革尝试。

我国的收费公路最早是在广东省出现的。广东是我国最发达的地区和改革开放的前沿,经济发展速度和商品经济在全国均位于前列。改革开放初期,在传统投融资体制下,公路基础设施建设作为政府的事业,其资金全部由政府部分提供,投资渠道单一,资金极其有限,发展速度缓慢。1980年,广东全省公路通车里程仅为4.9万公里,公路密度为每百平方公里27.7公里;全省没有高速公路和一级公路,二级公路和三级公路也是微乎其微,四级公路和等外公路约占总里程的97%;干线公路渡口多,常常成为严重的"卡脖子"路段,过渡难问题十分突出。公路建设严重滞后成为制约广东省经济发展的瓶颈,公路交通急需发展,但旧体制下的投资政策束缚了公路建设的资金来源。为此,广东省引进市场经济机制,实行"以路养路,以路建路",调动各方面的积极性。1981年广东省向外商集资贷款1.5亿港元,建设广州至珠海公路上四个渡口处总长达3200多米的四座大桥,又相继集资1亿元改造了广州至深圳公路,实现了以贷款建路(桥)收费、发展公路交通的新路子。据统计,仅1981年至1990年10年间,广东用于公路桥梁建设的贷款资金就达81.24亿元,共修建总长73000多延米的1200多座桥梁,新建改建二级以上公路1800多公里[24]。

以广东省一批收费公路为代表的基础设施建设项目,突破了公路建设投资体制的束缚,率先进行了贷款修路、建桥,收费偿还贷款的改革尝试并获得成功,在全国公路交通行业中产生了重要的影响。1984年国务院出台对公路建设实行“贷款修路，收费还款”的四项优惠政策。从此，中国收费公路的发展有了充分的政策依据，收费公路相继在全国各地出现。收费公路政策的实施为我国高等级公路，特别是高速公路的发展创造了有利条件，1988年我国大陆第一条公路沪嘉高速公路(18.5公里)建成通车，此后又相继建成全长375公里的沈大高速公路和143公里的京津塘高速公路。高速公路的出现开辟了我国公路建设的新局面。

2. 特点

在实践探索阶段全国收费公路的发展有以下三个特点。

(1)全国收费公路覆盖面广。截止到1991年年底，全国共有26个省市在公路建设中利用了收费公路政策，仅海南省和西部地区的新疆、青海、贵州和西藏四个省(区)没有收费公路。

(2)各地发展收费公路尚处于实践和探索的阶段，对收费公路的理论认识还比较浅显，收费公路发展规模相对较小。截止到1991年年底，全国收费公路建设项目累计有151个，收费里程仅有4069公里。

(3)全国的收费公路项目以二级公路和收费桥隧为主，高速公路和一级公路也占一定比例。到1991年年底，二级及以下公路收费项目占收费项目总数的42%，收费桥隧项目占34%，高速公路和一级公路收费项目占25%；从收费公路里程来看，二级及其以下收费公路里程占收费公路总里程的59%，高速公路和一级公路的收费里程分别占收费公路总里程的28%和13%。

二、快速发展阶段(1992~1998年)

1. 概况

1992年，邓小平同志“南巡讲话”和党的十四大提出的“建立社会主义市场经济理论”，加快了我国改革开放的步伐，社会经济的迅速发展更需要加快交通基础设施的建设。这为发挥收费公路政策作用、加快公路建设提供了有利的条件和环境；各级交通主管部门经过多年对发展收费公路的实践与探索，也积累了许多实际经验，为收费公路的迅速发展奠定了良好的基础。最主要的是，各省通过收费公路政策筹集到大量建设资金，加快了公路建设的步伐，而快速发展的公路交通特别是沪嘉、沈大、京津塘、广佛等多条高速公路的建成，在沿线迅速形成了经济发展产业带，带动了地区经济的迅猛发展，使收费公路政策效果得以充分体现。

从1992年到1998年期间，收费公路的发展速度迅猛提高，其中二级收费公路增长最快，高速和一级收费公路的增幅与收费桥梁隧道的增幅相差不大，均低于二级收费公路的增幅。截止到1998年年底，全国收费公路建设项目累计达到1809个，收费公路总里程为75154公里，是1991年年底收费公路里程的18.5倍。特别是二级公路建设速度大大加快，1992年到1998年间二级公路的收费项目增长最快，其占收费公路总里程的比例从55%迅速增长到70%，如表3-1所示。收费公路特别是二级收费公路的迅猛发展，在对公路技术等级结构起到优化调整作用的同时，也带来了一些问题，主要是由于二级收费公路收费站只能设置在主线上，影响了车辆的正常行驶，社会反映比较强烈。

针对收费公路发展过程中出现的问题，1994年出台的《关于在公路上设置通行费收费站(点)的规定》和1996年出台的《公路经营权有偿转让管理办法》，对收费公路设置条件进行了局部调整，重点提高了平原微丘区一般二级收费公路的设置条件，并且对公路经营权转让范围作了进一步限定，对全国公路、尤其是高等级公路的建设与发展起到了重要的推动作用。1997年7月1日实施的《公路法》进一步明确了收费公路在我国的法律地位，显示了收费公路在我国公路发展中的重要地位和作用。

中国收费公路发展状况一览表 表3-1

年份	累计项目个数	收费公路里程数(公里)					收费桥梁(延米)
		合计	高速公路	一级公路	二级公路	三、四级公路	
1991	151	4069	1121	544	2242	162	35319
比例(%)		100	27.5	13.4	55.1	4.0	
1998	1809	75154	6470	11206	52721	4757	184697
比例(%)		100	8.6	14.9	70.2	6.3	

资料来源：交通部规划研究院.收费公路研究报告之一：现状篇.2001:18~20。

2.特点

在快速发展阶段全国收费公路的发展有以下三个特点：

(1)收费公路的实践活动广泛展开，收费公路的规模迅速扩大。

(2)收费公路的发展对公路建设形成巨大的推动作用，促使我国公路建设投资主体多元化、投资渠道多样化格局的形成。

(3)尽管交通部及地方各级交通主管部门及时制定出台了若干指导收费公路健康发展的规范性文件,加强了对收费公路的法制化管理,但收费公路发展过程中积累的许多问题与矛盾日益突出,对收费公路的发展进行规范治理已迫在眉睫。

三、规范治理阶段(1999 年至今)

1999 年交通部发布了《关于清理整顿公路收费站(点)的实施方案(试行)》的方案,该方案对收费公路收费站设置条件进行了全面调整和提高,它的发布标志着中国收费公路发展进入了规范治理阶段。实际上,自收费公路出现以来,对收费公路的发展进行规范化和法制化建设,始终是各级交通主管部门非常重视的工作,只是多年来对收费公路发展的规范治理力度不够,收费公路的法制化建设滞后于其发展,造成了各种问题日益突显。

收费公路发展过程中所出现的问题与矛盾是多方面的,诸如收费站点设置过多、管理及监管不到位、部分收费公路项目运营效益不好,以及行业债务规模越来越大等。形成这些问题与矛盾的主要原因,除了收费公路规范化和法制化建设不够外,收费公路所处的客观环境发生了很大变化也是重要原因之一。解决收费公路发展中存在的问题与矛盾,实质上是要确定中国收费公路以后如何发展、如何管理,即市场化与政府规制的关系问题等。

交通部门深刻认识到了解决收费公路发展中存在问题与矛盾的重要性,已开展了许多有针对性的理论研究。此外,许多地方交通主管部门结合自身收费公路发展面临的情况,进行了收费公路管理体制、经营体制改革等实践活动。

以陕西省为例,1996 年和 1999 年,陕西省先后两次开展公路收费站点清理整顿活动,寻求解决收费公路发展中存在问题的办法。当时陕西省收费公路存在的问题主要是:局部区域和个别线路上,收费站设置相对集中;有的收费站违反规定设立验票点,影响公路交通的畅通;一些地方在致力交通超前发展过程中,对自身的经济实力估计不足,致使收费还贷能力欠缺,债务负担过重;收费管理工作薄弱,造成个别地方违规平调或挪用通行费,收费人员急剧膨胀,管理费用升高,路面破损不能及时修复,交通工程设施不全,路容路貌时好时差,商业摊点无序等现象。针对上述情况,陕西省在大规模的清理整顿中,两次共撤并了 14 个收费站点，对4条收费站点较集中的国道上14个收费站按照科学统筹、合理规划的原则改为单向收费。该省交通厅向全省收费站点核发了标牌，收费人员佩戴《公路收费证》上岗，所有收费站都张榜公布了统一的文明收费规范，接受社会监督。随着公路建设的进一步加快，陕西省收费公路开始向西部"山岭重丘"和偏远地区延伸，值此又产生一些新的问题：不同地区收费公路项目的还贷能力差异较大，需要调剂平衡；收费公路里程的延长和站点增多，需要调整和解决。这些新问题在一定程度上又影响了陕西省收费公路的发展。1999年陕西省政府提出对全省收费公路实行统一管理，2000年发布《陕西省人民政府关于对全省收费公路实行统一管理的通知》。经过两年的实践，证明统一管理有利于收费公路的发展，因此该省交通厅确定，从2001年起，通过"五统一"（统一计划管理、统一收支管理、统一收费标准、统一票据管理、统一缴纳税费）规范全省收费公路管理。

又如，深圳市政府2002年决定，今后凡建非高速公路，一律由政府投资，不再设立收费站。据称未来10年，深圳要建23条非高速公路，需要的55亿元资金，全部由政府筹措。此次在深圳已被列入取消范围的12个收费站，多属"贷款修路、收费还贷"模式，其补偿全部由市区两级财政负担，光补偿费就达100亿元之多。

2004年11月1日，国务院《收费公路管理条例》开始实施，开始了我国通过法律手段对收费公路经营管理者的行为加强监管和规范的新时期，说明中国收费公路发展的规范治理阶段还将持续。这个阶段的突出特点是规范和治理，但仍将以发展为主题。随着我国对收费公路理论的深入研究、发展政策的调整及管理的规范到位，今后收费公路将更加持续健康地发展，为我国经济发展和公路建设作出更大的贡献。

第二节　收费公路的发展现状

一、收费公路总体发展规模

据不完全统计2003年中国收费公路里程达到146610公里，比2002年增长18%。以"九五"为例，"九五"期间全国收费公路规模从1995年年底的42491公里增长到2000年年底的94153公里，收费公路里程翻了一番，年均增长速度达到17.3%。年均增长速度超过全国平均速度的有16个省（市），占有收费公路省（市）

的55.2%，其中10个省(市)分布在中西部地区，增长最快的是重庆、天津、上海等三个直辖市。如表3-2所示。

"九五"期间各省(市)收费公路发展规模及发展速度[24]　　表3-2

省份	收费公路发展规模(公里)				增长倍数	"九五"年均发展速度(%)
	1995	1997	1998	2000		
北京	184	202	232	272	0.48	8.1
天津	96	390	515	1100	10.46	62.9
河北	4976	3152	4861	7778	0.56	9.3
山西	1059	2295	3733	3875	2.66	29.6
内蒙古	1067	1825	1999	4102	2.84	30.9
辽宁	653	774	1094	2075	2.18	26.0
吉林	1179	1520	2075	2712	1.30	18.1
黑龙江	770	1998	2790	3673	3.77	36.7
上海	105	133	81	523	3.98	37.9
江苏	2252	3268	3459	5090	1.26	17.7
浙江	840	1478	2155	2786	2.32	27.1
安徽	2097	2144	2993	3443	0.64	10.4
福建	4081	5651	6067	4255	0.04	0.8
江西	1305	1565	1844	1886	0.45	7.6
山东	1801	2532	3303	4875	1.71	22.0
河南	3550	7779	5152	4483	0.26	4.8
湖北	3061	4363	4528	5352	0.75	11.8
湖南	960	2953	3948	3632	2.78	30.5
广东	5185	7237	7435	9572	0.85	13.0
广西	1552	1217	2189	2498	0.61	10.0
重庆	232	1404	2344	3848	15.59	75.4
四川	2743	3918	5448	6666	1.43	19.4
贵州	767	852	1066	1104	0.44	7.6
云南	606	1611	2533	2927	3.83	37.0
陕西	728	1034	1549	2130	1.93	24.0
甘肃	400	644	745	1414	2.54	28.7
青海	0	0	0	207	—	—
宁夏	245	420	361	524	1.14	16.4
新疆	0	32	655	1351	—	—
总计	42491	62391	75154	94153	1.22	17.3

资料来源：刘伟令，罗仁坚.中国收费公路发展规模的探讨.综合运输.2002,(5):13～15。

二、还贷型和经营型收费公路发展现状

中国收费公路在规制上分还贷型和经营型两类，表3-3显示了我国到2003年收费还贷公路和收费经营公路的发展状况。从规模上看，还贷型收费公路占主导地位，全国近78.5%的收费公路为还贷型收费公路，经营型收费公路占21.5%。从收费站和收费人员的比例两个指标，可以看出经营型收费公路的收费站平均间距为22.20公里，小于还贷型收费公路的收费站平均间距31.68公里；经营型收费公路每站平均收费人员52人，多于还贷型收费公路的每站平均收费人员44人。从平均收费额看，还贷型收费公路处于劣势，虽然还贷型收费公路年收费额占50.6%，经营型占49.4%，但经营型收费公路每公里平均年收费额为107.8万元，而还贷型收费公路每公里平均年收费额仅30.2万元。

我国还贷型与经营型收费公路发展状况 表3-3

类型	里程（公里）	比例（%）	收费站（个）	比例（%）	收费人员（人）	比例（%）	年收费额（万元）	比例（%）
还贷型	97866	78.5	3089	71.9	135916	68	2955553	50.6
经营型	26748	21.5	1205	28.1	62660	32	2883434	49.4
总计	94153	100	3035	100	198576	100	5838987	100

资料来源：《中国交通统计年鉴(2004)》。

1. 还贷型与经营型收费公路的技术等级构成情况

在还贷型收费公路中，二级公路里程的比例占77.1%，高速和一级公路里程的比例只占19.5%，三、四级公路里程比例为3.4%，收费构成非常不合理；高速和一级公路的年收费额占还贷型收费公路年收费总额的36.9%，二级公路的年收费额所占的比例为61.5%，低于其收费里程比例。经营型收费公路中的高速和一级公路收费里程的比例明显上升，分别为20.9%和25.2%，两者共占46.1%，与二级公路51%的收费里程比例接近，三、四级公路收费里程占经营型收费公路的比例与其占还贷型收费公路的比例相近，为2.8%；经营型收费公路中高速和一级公路的年收费额所占的比例为63.3%，明显高于还贷型收费公路中高速和一级公路收

费额的比例。

可以看出还贷型收费公路的总体经济效益不如经营型收费公路。还贷型收费公路中高速和一级公路每公里年收费额为57.2万元，二级公路为24.1万元，而经营型收费公路中高速和一级公路每公里年收费额为147.9万元，二级公路为75.2万元，均为还贷型收费公路的三倍左右。

2. 还贷型与经营型收费公路的区域分布状况

在还贷型收费公路中，东部和中部地区的收费里程所占比例相同，西部地区最少，为24%，东、中、西三个地区的收费里程比为1.6:1.6:1。东部地区收费公路的年收费额相对较多，东、中、西三个地区收费公路的年收费额之比为4.4:1.8:1。经营型收费公路大部分在东部地区，占65%，西部地区非常少，仅为9%，东、中、西三个地区的收费里程之比为7.2:2.9:1。东、中、西三个地区经营型收费公路的年收费额相比，差距更大，东部地区的年收费额占83%，西部地区仅为5%，中部地区也比较少，只占到12%，东、中、西三个地区的年收费额比为16.6:2.4:1，这都说明西部地区经营型收费公路的经济效益远远低于东部地区[25]。

第三节　收费公路的管理体制

管理体制可以说是所有公路发展的节点，是研究公路规制问题的最终落脚点，对收费公路管理体制进行详尽的解剖理应是本章的重点。为此本节从我国公路管理体制的沿革入手，分两种视角：一是整体管理体制视角；二是收费公路投资主体视角。从这两种视角来解析其存在的问题。

一、公路管理体制的三个阶段

建国以来，在历次国家经济管理体制变革和政府机构调整中，各级政府曾对公路管理体制进行了数次变革与调整，但交通部作为国务院主管全国公路、水路交通的最高行政主管部门，一直延续至今。建国以来，我国的公路管理体制经历了3个阶段。

1. 从建国至1984年：机构频繁变动阶段

建国之初，中央人民政府交通部即成立了公路总局，负责全国公路的建设和管理工作。各大行政区和省设公路局、处，具体办理公路事宜。县以下由地方负责本地区的公路计划和建养任务。国道由交通部公路总局直接管理，修建任务委托各大行政区办理，经费由中央支付。省道由大行政区交通局督促各省交通部门负责管理。

1954年末，各大行政区及其所属机构建制相继撤销。“一五”时期，各省、直辖市、自治区交通厅(局)对公路事业一般实行垂直(或称条条)领导，人员配备、财务开支、物资供应、计划投资，以及技术业务等方面，都归省、直辖市、自治区交通厅(局)公路局直接管理。

到1958年，国家进行经济体制改革，中央对公路建设的计划投资管理也全部下放到省、直辖市、自治区。与此同时，公路交通管理体制开始从“垂直领导为主”演变为“以地(市)、县管理为主。”1960年12月，交通部撤销公路总局，组建基本建设总局，其中设公路处主管全国公路业务。

经历了3年自然灾害后，1962年6月，随着国民经济逐渐恢复，公路养护管理开始由省、直辖市、自治区统一安排，各省、直辖市、自治区先后恢复或重建了各级公路交通管理机构，实行“统一领导、分级管理”。1963年4月，交通部调整了内部机构，撤销了基本建设总局，另行组建公路工程管理局。

1966年，“文革”开始，各级公路交通主管部门遭受了严重冲击，基本陷于瘫痪。1970年7月，铁道、交通等合并为交通部，公路工程管理局被撤销，取而代之的是公路组。1973年，交通部重建公路局。1975年，交通部再次改组，铁道、交通分开，交通部仍设公路局主管全国公路工作。各省、自治区交通厅(局)的情况也大体类似。

2. 1984年至1988年：机构恢复与体制变革的酝酿阶段

1978年，我国开始实行“改革开放”的基本国策，经济体制改革逐步加快和深化，国民经济发展加快，公路交通发展严重滞后的矛盾日益明显。为了适应国民经济快速发展的需要，地方公路交通管理方式和管理内容发生了较大的变化。到了1984年，我国地方公路管理体制沿革进入第二阶段。

1984年，公路交通管理部门从“主要抓直属企业”转变为“面向整个公路交通运输企业”；从“宏观方面统筹安排公路交通运输事业”转变为“对整个公路交通的行业管理和指导”；从“直接抓具体的生产经营活动”转变为“抓行业管理”。并在公路运管上开始了“政企分开”的尝试。

1985年，考虑到公路及道路运输“以地方管理为主”的实际情况，交通部设置了公路局，将公路建设及管理、路政、运政、车辆机务、道路交通安全监管等职能集中于同一机构。在地方层面，除个别省外，各省、直辖市、自治区交通厅(局)都建立了全能的公路局或公路管理局，按地(市)设公路分局或总段(段)。

1986年，国务院对道路交通安全监督管理职能进行了调整，将其主要职能由“交通部门管理为主”调整为“公安部门管理为主”。

1988年，按照中央关于“加强宏观管理，专业经济管理部门要从具体管理企业的生产经营转向搞好全行业的管理”的要求，交通部开始“逐步下放”直管企业。在当年交通部机构改革中，撤销了公路局等管理机构，设立了统管公路及水路运输的运输管理司，设立了统管公路及水路基础设施建设的工程管理司。

3. 1988年至今：多种模式并存的探索阶段

1988年，第一条高速公路通车，我国公路管理体制进入到第三阶段。这期间，在宏观层面，由于国民经济的高速发展逐步表现出对高等级公路的强烈需求，中央推出了“中央、地方、外商多方投资、社会集资、市场融资同时并举”的高等级公路建设融、投资政策。1994年，为了进一步转变政府职能，改善公路运输及公路行业的管理工作，交通部新组建了公路司，主管全国公路建设和道路运输。1998年，根据国务院机构改革的方针与总体原则，为进一步强化公路运输的行业管理，交通部再次加强了公路司*。

在地方层面，由于此前的政府计划筹、投资手段已很难满足高等级公路建设筹资和投资管理的需要，且其中高速公路的招投标管理、工程质量监督、路产路权路政管理、通行费收缴管理、经营行为管理等，都必须采用国际通行的作法。为了与国际的通行作法接轨，不少省区设置了专门负责高等级公路筹资、建设、管理和经营的管理机构，如高速公路局、高等级公路局，或称公司。同时，各地也开始了国省道管理“条条、条块、块块”模式的实践探索。

二、整体管理体制模式特点

从管理体制的沿革来看，公路管理基本演变为“统一领导、分级管理”的体制模式。在省市区，国省道管理“条条、条块、块块”模式并存的格局基本形成。

---

* 本节资料来源交通规划院收费公路报告。

三类模式的选择有其地域特点,与区域经济发展水平、特别是地方政府财力有很大关系。东南沿海各经济发达省份以"条块结合"或"块块管理"模式为主,而西部经济较落后省份则多数采用"条条管理"模式。总体上看,三种模式在全国各地基本上各占1/3。三种模式各有异同,具体如表3-4所示。

三种管理模式特点比较　　表3-4

项目	条条管理	块块管理	条块结合管理
共同点	省级交通主管部门是省级公路管理部门的行政领导;上级公路管理部门对下级公路管理部门进行业务指导;养护费由上级公路管理部门计划控制,向下级公路管理部门逐级拨付		
不同点	上级公路管理部门直接管理下级公路管理部门的人财物;地(市)政府很少干预地方公路管理机构的运行	上级公路部门对下级公路部门是业务指导关系;地(市)公路部门的人事权在同级人事部门;地(市)政府担负直接行政领导的责任	下级公路管理部门受上级公路管理部门和地市政府双重领导;地(市)公路部门的人事权一般在地方人事部门
优势	相关指令畅通、条理清晰、关系明确;人事权在上级公路管理部门,有利人员控制	有利于调动地(市)政府的积极性,参与公路建设和管理	有利于调动地方政府积极性,参与公路建设和管理
劣势	不利于调动地(市)政府积极性;与地(市)政府协调时常有分歧;难以调动地方政府为公路建设融资的积极性	不利于基层公路机构人员控制;会出现为了地方利益而损害全局利益的情况	多头管理、政出多门、不利于地方公路管理部门开展工作;不利于基层公路机构控制人员规模;会出现为了地(市)利益而损害全局利益的情况;权责不明,不能杜绝争权夺利、推卸责任的现象

一般认为,公路管理权的下放有利于调动地方政府参与公路发展的积极性。尤其是,地方政府一般都十分重视公路建设,一方面愿意大力度投入,同时还能积极主动出台有利于公路建设的配套政策,能够在公路建设征地、拆迁以及融资中发挥重要作用,十分有利于公路建设的顺利进行。

在三种管理模式中,各省的做法又不尽相同:如在"条块结合"模式中,有的省将公路管理的人、财、物、权全都下放到地市,有的省则彻底下放到县级公路管理部门,有的省只将人事管理权下放,有的省则将人事管理权连同部分计划权同时下放。

三、高速公路管理的独立性特点

我国实行"贷款修路、收费还贷"的政策后,收费公路的管理体制一直构建于我国公路管理体制基础之上，以交通主管部门为单一管理主体，实行行政事业型管理体制。随着各地开展高速公路建设，又提出了高速公路管理问题，许多地区的做法是把高速公路与普通收费公路分类区别管理。

对于高速公路管理所设立的相关管理机构，大多是事业单位性质，有的内部实行企业化管理，自收自支。高速公路的管理模式基本分为两类：一类是类似于河南省的管理模式，为建管一体化，设局和分局两级管理体制；一类是类似于吉林省的管理模式，以建管分开的体制运行，实行事企合一的管理体制。

1992年后随着投、融资体制改革加快，公路建设投、融资走向多元化。投资主体多元化，在客观上形成管理主体的多元化，要求收费公路经营管理实行公司化，按市场经济规律办事，改变政企不分、职责和产权不清的传统管理模式，提高经济效益，给股东以合理的经济回报。随着沪宁高速公路、京津塘高速公路、广深高速公路等数家公路经营公司成立，我国收费高速公路在实行公司化经营方面进行了积极的尝试和探索。有的省份成立了省一级的管理公司，对全省高速公路实行统一管理。如江苏省成立了省高速公路集团公司，该公司为一控股公司，负责苏北6条高速公路的建设和管理工作，各条高速公路的建设实行一路一个公司的体制。河北省受高速公路规模不断扩大、投资主体多元化等原因影响，高速公路的管理体制经历了集中统一管理到分散多机构管理的过渡阶段，现又呈现出集中统一管理的发展态势。

对于普通收费公路管理体制，全国一直沿袭着现有的实行公路管理体制，即行政事业型管理体制。随着一些与外商的合资合作项目和转让收费经营权项目的出现，目前有的普通收费公路的管理模式也呈现出企业经营化的特点。

四、两类收费公路管理模式特点

如第二章所述，目前中国收费公路按照以投资主体为依据的划分方式，主要分为还贷型收费公路和经营型收费公路两类。这两类收费公路性质不同，相应的管理模式也不同：前者属于事业型组织形式，交通主管部门或其所属机构是公路投资、建设、养护、管理以及收费运营的行为主体；后者属于企业型组织形式，各类国内外经济实体是公路投资、建设、养护、管理和收费经营的行为主体。

1. 还贷型收费公路

还贷型收费公路的管理总体框架构建于公路管理体制基础上。随着高速公路的建设发展，目前各省逐渐形成了两个管理体系：(1)管理收费高速公路的高速公路管理局或高等级公路管理局，简称高管局；(2)管理一般收费公路的公路局。

高管局管理体系：一般下设分局实行两级管理，管理模式为建管一体、统一管理。高管局名为企业单位，但实际上仍实行事业体制。由于在财务上实行"统收统支"管理，所有收费收入、各项开支及债权债务的管理全部在省交通主管部门，因此高管局实质上是政府部门的延伸，具有部分政府职能。

公路管理局管理体系：一般收费公路由省公路局进行行业管理。财务上实行"统收统支"制度。一般还贷型收费公路由省公路局统一管理，或者是归地市级公路段或归地方交通局进行管理；部分还贷型收费公路项目由县交通部门或县政府直接管理。还贷型收费公路的管理模式有"建管一体"和"建管分离"两种。"建管一体"的管理模式是将公路投资、建设、养护、管理、收费运营等全过程由一个机构统一负责。"建管分离"是收费公路建设由建设单位负责，建成后设置专门的运营管理机构负责收费公路的路政、养护、收费、服务区管理等工作。

还贷型收费公路的行政事业型管理体制主要有以下七个特点。

(1)"五位一体"的管理体制。公路投资、建设、养护、管理、收费经营等全过程由一个机构统一负责。

(2)管理机构性质由原建设单位自然过渡到收费公路运营管理单位，属于事业单位，有的实行企业化管理模式，但不是真正企业。

(3)公路建设资金构成比较单一，建设资金主要由各级政府投资和银行贷款构成。

(4)收费公路的收费收入和支出全部要经主管部门批准。

(5)收费公路的产权和经营权都为国家所有。

(6)享受税收优惠政策。收费还贷型的收费公路不缴纳企业所得税，有些省份也不缴纳营业税，有些省份实行先征后返制度。

(7)收费期限不明确。

2. 经营型收费公路

经营型收费公路是由省交通厅进行行业管理，具体经营则由国内外经济实体负责，对收费公路实行特许经营制度，一般表现为"公司制"管理模式。目前，经营型收费公路管理模式中的经营主体按组织形式分为：国有独资公司、有限责任公司、股份有限公司和外商投资公司;按取得收费权的方式划分,可分为受让收费公路收费权的经营实体和投资建设公路的公路经营实体。经营管理的目的是通过投资经营收费公路,获得预期利润。经营型收费公路的管理环境比较宽松,作为企业受政府部门的行政干预较少。这种管理体制与还贷型收费公路管理体制相比,有利于避免政企不分,经营公司受利润驱动有利于提高经营效率。

收费经营型收费公路具有以下五个特点:

(1)投资者管理的目的是为能通过投资经营收费公路,获得利润;

(2)管理者的管理自主权限极大,对收费公路的收入和支出具有直接支配权;

(3)收费公路在一定时期内的经营权不为政府所有;

(4)不享受与收费还贷型收费公路同等的税收优惠;

(5)经营期明确。

五、现行公路管理体制存在的主要问题

各个时期的公路管理体制都对当时公路交通事业的发展发挥了重要作用。但在市场经济环境下,原来的一些做法就变得极不适应。特别是现行体制中的些问题,已干扰了公路事业的健康发展。目前,公路管理体制已大大落后于公路事业的快速发展[26]。

1. 政、事、企业不分

在目前的公路管理体制中,一方面,政府公路交通主管部门既承担着政府的管理职能,又承担着本该由事业单位和企业单位承担的某些职能,特别是企业的生产经营职能;另一方面,三者都在吃着"财政饭"。

这样一来,政府公路交通主管部门无法集中精力履行"公共管理职能"和"行业管理职能"。事业单位公路局无法全神贯注地履行政府公路交通主管部门委托的行业管理职能,公路建养企业无法按照市场经济原则独立经营、自负盈亏、自主发展。

同时,企业也承担了某些政府职能。如在一些省区,公路道班站也承担了"路政执法"的职能。在多数省区,高速公路建设及经营单位政、事、企职能不分的现象更为严重。在高速公路建设中,工程指挥部既拥有行政权利,又承担着筹集资金的责任。项目建成、投入运营后,高速公路公司是企业名称、事业编制,又承担

着路政执法、养护管理等政府职能,无法一心一意地从事生产经营。

由于三个机构都在吃着"财政饭",有限的公路资金大量消耗在维持养护机构人员生计上。同时,公路交通主管部门不得不支付大量经费,维持下属学校、医院等事业性机构的日常运行。这最终导致了公路管理成本高、效率低[27]。

2. 管理模式各异 管理体系较乱

长期以来,我国公路交通基础设施落后于国民经济的发展需要,各级公路交通主管部门皆处在巨大的工程建设压力之下,超负荷运行。公路管理机构频繁撤并和调整,对公路管理体制缺乏深入研究和宏观把握,对公路管理职能的履行方式有很大的盲目性。

特别是,各级公路管理机构在行政隶属关系上,"条条管理"、"条块结合"、"块块管理"三种模式各不相同。各省、市、区交通厅(局、委)、公路局内部职能机构设置也有很大差别,从9~24个不等名称也不相同。即使是同名机构,承担的职能也不尽相同。

各级公路管理机构职能配置差异较大,从公路管理的五项职能来看,一些省、市、区公路局的职能包括了国、省干线的建设、养护、路政管理和规费征收,一些省、市、区公路局则基本上只管国、省干线的养护,而另设立路政管理局负责路政管理职能,有的放在交通厅,有的由公路局、高等级公路局分别负责,有的则另设收费公路管理处。有的由省里管、有的由地(市)县分别管理。即使在同一行政区域,也有多种管理模式。地(市)公路管理机构一般与省公路局的职能相近,一些地(市)公路管理机构负责建、管、养的职能,一些地(市)公路管理机构则只负责养护。县级在交通局下设公路段(站),负责县、乡公路的养护与路政管理。

3. 高速公路独立于统一的公路管理体系

由于高速公路的经营、管理与普通公路有不少差别,同时鉴于国家为建设高速公路投入了巨额资金,为保证高速公路建设资金的使用效率,各省普遍设立了专门的高速公路管理机构(高建局、高管局、高速公路公司等)。这些专门的管理机构,负责高速公路的养护、路政、独立于统一的公路管理体系之外,连路政管理也是企业自己承担。

这样,在不少省份就形成了两套公路管理体系,造成了巨大的资源浪费。像高速公路管理机构自建的养护队伍,由于其养护工作量大大低于普通公路的养护工作量,就很难有效地发挥作用。

4. 权力下放降低了公路养护和路政管理效率

在各地,“公路管理权下放”是较为普遍的做法。下放的目的不外乎是为了调动地(市)、县、乡建设公路的积极性,但却大大降低了公路养护和路政管理的效率。

一是公路养护权下放后,人员膨胀失控,素质难以保障,“人吃路”现象严重。一些地(市)、县、乡政府随意挪用国、省道养护经费,危及了国、省道的养护。特别是,在区域利益和地方政府政绩意识的双重驱动下,不少地区“重建设、轻养护”、“超前规划、滞后养护”十分严重。在那些因公路建设债台高筑的地区,更是轻视对国、省道的养护。

二是路政管理权下放后,路政管理人为分段,在一些地区,损害路产、路权的问题得不到及时查处。

5. 公路管理缺乏服务意识与监督机制

长期以来,公路部门片面强调“公路事业的自然垄断特性”和“公路的国有性质”,忽视了公路主要是用纳税人的“赋税和付费”建设的,片面强调公众要支持公路建养,要遵守道路规则、维护公路权益,而很少强调公众利益和自身的服务责任。其结果是,公众本应得到的不少公路服务缺位或质量不高。甚至行人车辆的合法权利在公路上受到损害,往往很难找到维护行人车辆权益的相应机构。

不少地方的公路部门总是强调自己应该有多大的权利,强调哪些权利应归自己,但却很少考虑自己应该受到哪些约束,应该受到哪些监督。其结果,不少地方公路部门改进工作的动力不大、阻力不小,也不重视来自公路系统内外的监督。特别是公路部门内部的监督机制软弱乏力,导致一些工程项目建设中发生了资金的“跑冒滴漏”,一些工程项目造价高得离奇。

第四节 收费公路融资状况

一、收费公路融资概况

实施收费公路政策以后,公路建设在国家和地方交通部门投资基础上,开始利用市场融资渠道筹集建设资金。收费公路最初从资本市场融资的方式有贷款、集资、发行交通建设债券、利用外资等。1986 年 12 月，福建厦门国际信托公司首家向社会发行厦门高集海峡大桥建设债券，为建设高崎至集美海峡大桥筹集资金，开辟了公路建设资金筹措新渠道。20 世纪 90 年代之前，中国收费公路利用外资的主要方式是外方间接投资，包括外国政府贷款和国际金融组织贷款。外商直接投资及国际证券融资在我国公路行业起步较迟，进入 20 世纪 90 年代之后有所发展，先后出现了中外合作、中外合资等利用外资方式，形成了一个外商投资建设交通基础设施的高潮。

进入 20 世纪 90 年代中期，收费公路融资方式又在股票、债券、利用外资、转让经营权等各种方式上有所发展。“八五”期末，公路行业就开始酝酿股份制改造，对一些效益好的收费公路进行资产重组，上市发行股票，从资本市场融资进行公路建设。在进入“九五”后，利用股票进行融资有了突破。1996 年 8 月广东省高速公路发展股份有限公司向境外投资者发行 B 股，成为我国公路第一家公路上市公司，拉开了公路企业上市的序幕；1996 年 11 月，安徽皖通高速公路股份有限公司在港挂牌上市，发行 H 股，成为全国公路行业首家海外上市公司；1997 年 5 月延边公路又首先成功发行 A 股。1995 年我国出现了通过转让收费公路收费权来筹集资金的融资方式，利用一次性筹集到的巨额资金再投资到新的公路建设项目为筹集公路建设资金又开辟了新的渠道。

收费公路的市场融资经过“六五”、“七五”起步和“八五”和“九五”的发展，进入“十五”依然保持良好的发展势头。自 2000 年开始，收费公路资金构成中非资本金所占的比例已大幅上升，达到了 50% 以上的水平。可以看出，在现阶段公路建设资金构成中，投资主体多元化、投资渠道多样化的特点呈逐年加强的趋势，国内贷款、地方自筹资金已占主导地位。从各项资金在投资总量中所占比重看，地方自筹资金与国内贷款的资金增幅大大超过其他资金渠道，占投资总量的比例均超过了四成，两者之和占总投资比例超过八成。目前中国收费公路市场融资大致有四种渠道，主要包括银行等金融机构、证券市场、外资及国内企业投资等。具体的融资运作方式有银行贷款、发行股票和债券、利用外资的各种方式和转让经营权等。

1. 国内银行贷款

银行贷款一直是中国收费公路建设主要的资金来源。据不完全统计，自 1998 年开始，国家对公路行业采取了一系列加大投入的政策，巨大的资金需求提高了公路建设市场融资所占的比例，特别是利用国内银行贷款的比例增长很快。1998年用于公路建设的商业银行贷款达845亿元人民币，占1998年公路建设总投资的39%，在重点建设项目中国内银行贷款占总投资的49.9%。另外在地方自筹的资金中来自银行贷款的资金额占相当大的部分，约40%，之后到2000年银行贷款的水平始终维持在800亿元以上的水平。进入21世纪，银行正处于体制改革时期，银行是国家的旧观念依然根深蒂固，加之居民储蓄额高居不下，公路行业突发的巨大需求为银行资金找到出路，完成了公路行业持续3年的2000亿元投资规模，使得银行贷款达到了鼎盛。

但这种“被夸大的市场”在逐渐完善的市场经济环境中正在得到纠正，目前，四大商业银行不约而同地首先从西部公路项目中淡出。

2. 证券市场融资(包括股票和债券)

到2003年底，我国共有16家公路上市公司利用证券市场进行股票融资，共筹集到民间和海外资金200多亿元人民币，为我国高等级公路建设事业的快速发展发挥了重要的作用。发行A股(B股)的高速公路公司有11家，融资金额81多亿元。其中粤高速还发行了B股，融资量为4.84亿元。另有5家发行H股，融资量为117多亿元。

发行债券是筹集公路建设资金的另一种融资方式，它不改变投资主体，也不必对现有建设和管理方式进行改革，且筹资规模大、成本低、运作便捷。目前我国公路建设发行债券主要是以省和公路公司为主体单独发行，属于企业债券。

近年来我国在发行公路建设债券融资方面虽然进行了有益的尝试，取得了一定的成效，但总体上看，我国公路建设并没有很好地利用发行公路建设债券这种融资方式。1998年第一批列入发债计划的公路项目有28个，发债额度为44.2亿元，但实际上只发行了青岛公路债4000万元和广西高速债1亿元。青岛公路总段于1999年初面向社会发行了总额为4000万元的公路建设债券(第一期)，这是我国公路建设部门首次进入债券市场进行融资。此后，江苏省高速公路集团有限公司于1999年12月8日起，在江苏全省范围内，向企、事业单位及个人公开发行企业债券3.5亿元，用于国道主干线(北京至上海)、沂淮及淮江高速公路的建设。云南省昆玉高速公路开发有限公司从2000年4月5日至5月4日为止，面向省内公开发行总额为3亿元人民币的债券；云南省曲靖高速公路开发有限公司2000年

4月,曾发行了4亿元的云南省98(二期)公路建设债券。云南省这两类企业债券均由省交通厅管理的交通规费担保。2002年1月23日浙江沪杭甬高速公路建设债券发行,发行总额为10亿元。

"十五"末期中国公路总里程将新增20万公里,新增高速公路近1万公里,全国公路建设投资需10000亿元左右,公路建设资金缺口将达到4540~4700亿元,约50%的资金缺口需要通过市场融资解决。虽然总体上,债券投资规模还较少,但在银行贷款能力几乎发挥到极限的情况下,要完成繁重的公路建设任务,目前潜力最大、可行性比较强的就是滚动发行大规模的公路建设债券[28]。

3. 其他直接融资以及利用外资

收费公路建设市场直接融资的方式除上述之外,还有中外合作、合资、转让经营权、外商独资、项目融资以及BOT、发行国债或市政债券等多种方式。这些融资方式绝大多数是有外商直接参与,直到近年来情况稍有改变,国内一些有经济实力的企业通过受让收费公路收费权参与到公路融资活动中,改变了过去转让经营权方式只有外商参与的状况。

目前外资已成为中国公路建设的重要融资渠道。仅在1998年至2003年的6年间,中国公路建设累计利用外资总额已超过62亿美元,年均超过10亿美元,这个比重大致在5%的水平。从20世纪80年代末京津塘高速公路第一次利用世界银行贷款至今,中国已成为世界银行、亚洲开发银行等国际金融组织重要的合作伙伴和最大的借款国之一。在交通建设利用外资过程中,外商直接投资也发挥了重要作用,主要方式是中外合资。BOT作为一种对基础设施建设有效的融资方式,目前在我国还在探索当中,真正意义上的BOT没有一个项目成功实施。另外,我国公路建设也没有利用发行国际债券融资方式筹集建设资金。

二、收费公路市场融资的特点

1. 我国是收费公路融资活动最丰富、实践最多的国家之一

就融资渠道来源和采用融资方式种类而言,我国是世界各国中收费公路融资活动最丰富、实践最多的国家之一。国内银行贷款、国际金融组织和外国政府贷款、公路建设债券、股票、与外商合资合作、外商独资、转让经营权等基础设施融资方式,均在中国收费公路建设融资中有所实践,这无论是在发达国家还是发展中

国家都极为少见。但对资本运作和金融手段要求很高的一些融资方式，目前我国公路行业还处在探索研究阶段，尚没有成功实践的项目，如项目融资、BOT及国际债券等。融资活动丰富、实践多，是中国收费公路建设融资的成绩反映，但需要指出的是，并不是运用的融资方式越多越丰富就越有利于中国收费公路的发展，而是要把收费公路建设融资的重点放在寻找适合我国国情和公路建设特点的一些融资方式上，量力而行，筹集更多的资金为我国公路建设作出贡献。

2. 收费公路市场融资在我国公路建设筹集资金来源中处于相当重要的地位

我国公路建设资金从改革开放初期全部来源于中央及地方政府财政投入，到目前市场融资的非资本金占建设资金总额的50%以上，这充分说明了市场融资在目前我国公路建设资金来源中扮演着重要的角色。

3. 融资结构呈"间接为主、直接为辅"的特征

贷款属于信贷资本市场的资金，这种融资方式是间接融资方式；发行股票和债券、中外合作、中外合资、转让经营权等属于从证券市场和国外资本市场等渠道融资，是直接融资方式。从我国公路建设市场融资的资金渠道看，融资结构呈现"间接为主、直接为辅"的特征。

4. 中国收费公路市场融资受内外部融资环境影响很大

从内外部环境来看，经济发展强度是影响交通量大小的最直接原因，而交通量又是影响收费公路项目融资能力的最主要因素。作为发展中国家，我国经济总量与发达国家尚有较大差距，而且面临着地区发展不均衡的严峻现实，致使收费公路项目融资能力参差不齐。经济较为发达的地区，大多数收费公路项目融资能力相对较强，进行市场融资较为适宜，从资本市场融资相对有利；而经济落后地区，许多收费公路项目由于本身的融资能力差，进行市场融资的难度就很大。公路项目市场融资除受本身融资能力的影响较大之外，外部的融资环境完善与成熟与否也直接影响到公路建设的各种市场融资方式的运用。外部的融资环境包括的因素很多，如投融资体制、税收体制、利率政策及利用外资政策等，以及直接影响融资方式的相关资本市场的对公路行业的准入制度等。从目前的情况看，我国正处于从计划经济体制向市场经济体制的转轨期间，社会主义市场经济体制初步建立，各项法律、法规、政策还不够完善，社会各阶层及各因素相互间的制约影响比较明显，因此对收费公路市场融资的外部环境而言，距离理想程度尚有一定差

距,这必然会对中国收费公路融资造成一些波动。

第五节 收费公路发展中存在的问题解析

收费公路政策效应与所取得的成绩有目共睹,不但促进了公路交通事业的飞速发展,而且实现了公路行业发展与改革、建设与管理、建设与运输发展的良性互动。进入新世纪,我国公路交通发展面临着要完成“全面改善”、“基本适应”和“基本实现现代化”三阶段宏伟目标的艰巨任务,对我国已实施多年的收费公路发展进行评价和定位,特别是解析发展中存在的问题,一方面可以为以后的发展提供借鉴,另一方面以此明确本书分析收费公路规制的切入点。

一、存在的问题

中国收费公路的发展过程,是在我国社会经济体制改革、发展的大背景下,不断实践、探索和政策调整的过程。回顾20多年的发展过程,有些问题随着制度的逐渐建立与完善已经得到解决,有些问题正在发生。目前,影响收费公路持续、健康发展以及普遍被社会关注的有如下七个。

1. 发展规模问题

收费公路发展规模问题主要有三:一是,总体规模接近15万公里,占等级路网的8%,收费公路的密度较高;二是,收费公路近几年每年增加超过1万公里,增加速度过快、行业主管部门难以控制;三是,收费公路构成中,二级收费公路占有高达七成的比例。收费公路发展中存在的结构和规模问题,成为政府实现收费公路总量控制目标的最大障碍,过大的规模也成为影响公路运输行业竞争力的一个潜在的不利因素。

2. 站点设置问题

由于二级收费公路必须在主线设站,过密的设站距离影响行车,而过疏的设站距离影响收费;虽然交通部出台了有关设置条件的规定,但在执行过程中仍有这样那样的问题。因此,普通等级收费公路站点设置问题不仅成为社会舆论的主要焦点,也成为主管部门的管理难点。

3. 收费标准问题

目前,收费公路的收费标准多由地方政府批准。由于没有统一的定价方法和明确统一的批准机构，收费公路标准的确定带有很大的随意性。收费标准普遍偏高以及收费标准不一等问题，不仅使收费公路经常受到舆论谴责，而且提高了公路运输成本，影响了公路运输的竞争力。

4. 管理体制问题

收费公路管理体制中的主要问题有以下两个方面：

(1)行业间，管理主体不明确、政出多门、职责交叉，交通、计划、物价、财政、税务、公安等诸多部门对收费公路都有某些管理权限与内容，致使政令不清、管理低效；

(2)行业内，收费公路管理机构多重设置、隶属关系复杂，交通部难以贯彻统一的行业管理目标。

5. 经营模式问题

高速公路"一路一公司"和普通公路"一路一贷"的分散经营模式，在新的公路建设投、融资体制下，显示出越来越多的问题：一是，难以形成规模经济、产生规模效益、提高融资能力；二是，优良资产被浪费、不良资产形成不良债务；三是，不利于实现收费公路发展的总体规划与总量控制；四是，增加管理难度、影响管理效果、造成管理上的严重浪费。

6. 管理手段与方式问题

行政的、经济的、法律的管理手段与方式，没有得到真正和有效的运用。例如至今没有利用法律的手段，建立特许经营的制度以加强交通行业的管理；没有充分利用规划和审批的行政权力，实现收费公路发展的统筹规划与总量控制；没有利用经济与行政的手段对收费价格进行监管，造成不合理收费现象的普遍存在；没有积极争取利用更加优惠的税收政策，以吸引更多资金对收费公路建设的投入等。

7. 债务负担问题

收费公路政策给公路行业带来建设资金的同时，也带来了日益沉重的债务压力。目前来看，"十五"末可能达到10000亿元债务压力，使每年偿付利息的规模就大体与车购税收入相当。巨大的行业债务问题是公路行业可持续发展的一个重要障碍。

二、面临的挑战

收费公路目前存在的种种问题，使公路行业面临以下巨大挑战。

1. 持续发展的挑战

收费公路政策实施以来,一直是以单一项目为基础实行"贷款—收费—还款—免费"的思路实施,在多年的实施过程中逐渐发现按照原有思路难以适应目前大规模发展的需要。在我国市场经济的改革中,收费公路政策需要重新理解。当前,许多地方已经对现有收费公路政策进行重新审视,在执行中出现了一些新的措施,比如把多个收费公路项目捆绑在一起进行"统贷统还、规模经营",取得了良好的效果。这些对收费公路政策新的诠释是否合理和合法,是否适应新阶段收费公路发展,却需要新的理论和更准确的政策支持。如果得不到理论和政策的支持,则未来收费公路的发展将受到严峻挑战。

2. 有效管理的挑战

我国目前拥有收费公路近 15 万公里,占世界收费公路总里程的七成左右。其中尤以二级收费公路占大部分,这是其他任何一个国家都没有遇到过的。如何有效规制今后仍将继续增加的规模甚大的收费公路,是摆在面前的又一个挑战。规制不好,不仅对收费公路本身产生重大不良影响,而且对我国整个公路行业,乃至国民经济运行都将产生不良影响。

3. 保障资金来源的挑战

收费公路政策为公路建设筹集了大量资金,今后公路建设仍将长期面临资金缺乏的严峻考验。只有继续依赖收费公路政策才能保证公路行业的持续健康发展。然而,公路建设目前过分依赖市场资金的事实是:收费公路建设资金结构扭曲,政府投资比例日趋下降,债务负担日益沉重,市场融资结构失衡,融资难度加大。这种情况如果不加以有效改善,将严重影响未来公路建设市场资金来源的规模与稳定,使公路建设面临资金短缺的困境。

三、对存在问题的进一步分析

以上述三方面的挑战为发展目标,通过对上述七个问题的进一步分析发现,目前收费公路发展中存在的问题主要关乎两大类问题:一是市场准入;二是收费的规制改革。具体的问题出现的逻辑如图 3-1 所示。

从上述的七类问题中可以发现,管理体制内生出相应的管理手段和方式,管理手段和方式的缺陷就会导致诸如其他五类问题,这五类问题中发展规模、

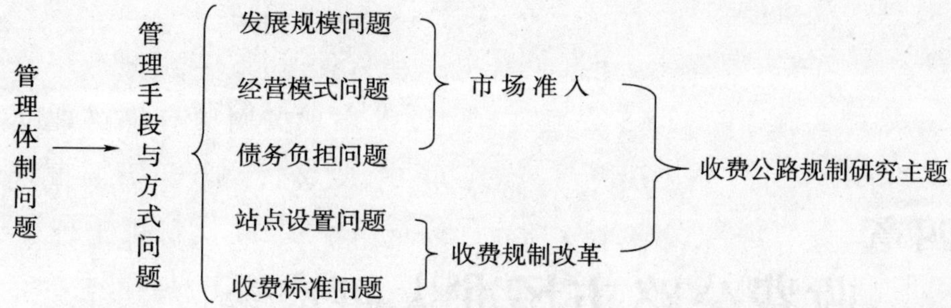

图 3-1 收费公路规制研究主题逻辑图

经营模式和债务负担问题都属于市场准入的范畴；而收费站（点）设置和收费标准属于收费规制改革的范畴。其理由是市场准入宽松程度如何，直接影响了发展的规模，同时市场准入才会带来不同的经营模式，债务负担更是市场准入不同方式比例搭配下，才会出现的问题。更为明显的是，收费站（点）设置和收费标准则直接受制于收费规制改革。从而本书的两大研究主题就可以归结为市场准入和收费规制改革。

第六节 本章小结

本章是对中国收费公路全貌的总体分析，主要有如下结论。

(1)中国收费公路发展分为三个阶段，现已进入规范治理阶段；

(2)中国收费公路管理体制的发展也分为三个阶段，现正进入探索阶段；

(3)中国收费公路融资手段丰富，但是融资的结构并不合理；

(4)中国收费公路存在七大问题，面临三个挑战，市场准入和收费规制是分析整个规制改革的切入点。

第四章 收费公路市场准入研究

本章对承接第三章明确的两个切入点之一——市场准入问题进行研究。借鉴国内外发展的经验和教训，明确市场主体特别是政府主体的界定，进而分析了市场准入的条件和方式；从市场准入的程度和范围问题入手，提出了市场准入的基本思路。

收费公路准公共产品的性质，决定了其兼有公益性和盈利性的特征，这个特征给收费公路的进入带来了两难的选择。一方面过于宽松的进入，会导致收费公路的"公益性"无从发挥；另一方面过于严格的限制，又会使得收费公路的供给遇到困难，甚至会人为加强在位者的垄断地位，造成社会福利的损失。为什么准公共产品市场存在如此的两难问题，政府如何在设计市场准入制度上解决这个难题，就是本章需要阐述的议题。为了能从理论上对收费公路的市场准入问题进行详尽的解析，本章内容沿着以下的逻辑展开：首先对市场提供公共产品进行理论分析，通过总结借鉴国内外收费公路市场准入的发展经验，从市场准入的主体、条件、方式、程度和范围等方面作出完整的分析。

第一节 收费公路市场准入的国外发展评述

收费公路的发展，无论在国内还是国外都不是一个新鲜事物。总的来看，发达国家的发展起步较早，其市场化发展模式较为多样且成熟。我国的收费公路发展也有多年的经历，目前国外的不同发展模式在我国也都有相应的应用，但是市场化的操作还尚无完全成功之例。通过考察发达国家收费公路的发展历程，可以为我国的发展提供可借鉴之处；通过对中国收费公路的自身发展的回顾，可为进一步地提高收费公路的发展水平总结经验。

一、国外收费公路的发展历程

国外的收费公路发展经历了一个曲折的过程。世界上最早发展收费公路的国家是美国，到19世纪上半叶，美国的私人收费公路数量超过了公共道路。但从19世纪下半叶到20世纪上半叶，由于铁路的发展使美国收费公路的数量大为下降。1956年美国通过了联邦高速公路法，建立了以燃油税为州际高速公路建设融资的体制，并禁止用公共资金新建的公路收费[29]。欧洲的收费公路在第二次世界大战后重建过程中有较大的发展。法国在20世纪50年代末和60年代初就开始建设公共的收费公路，在20世纪60年代后期和70年代初开始通过特许经营权引入私人收费公路。但只有1/4的特许经营权项目是成功的，其他均告失败，收费公路发展进入了低潮期。

20世纪80年代末期以来，收费公路的发展再次加快。不仅发达国家的收费公路建设重新步入快车道，而且收费公路在发展中国家也迅速发展，在东亚、拉丁美洲和非洲的一些国家，收费公路建设还成为了高等级公路建设的主要形式。经过20世纪90年代的高速发展，目前世界范围内收费公路已具相当规模，收费公路在一些发达国家和发展中国家高速公路中占有相当高的比重。表4-1显示了一些国家、地区的公路与收费公路的发展水平。我国的收费公路正是在20世纪90年代以来世界收费公路重新兴起的大背景下发展起来的，因此，国外的经验教训对我们具有极其重要的意义。

一些国家、地区的公路与收费公路情况（单位：公里）　　表4-1

国家	总道路里程	总高速路里程	总收费路里程	占总道路里程（%）	占总高速路（%）
美国	6420000		7963	0.11	
英国	372000		8	0	
法国	966000	14886	6305	0.65	42
意大利	314360	6444	5550	1.77	86
匈牙利	158600	435	57	0.04	13
西班牙	343200	7194	2255	0.66	31
阿根廷	216000	10400	9800	4.54	94

续上表

国家	总道路里程	总高速路里程	总收费路里程	占总道路里程(%)	占总高速路(%)
智利	79800		3	0	
哥伦比亚	107000		1330	1.24	
巴西	1980000		856	0.04	
印尼	260000	530	530	0.20	100
日本	1144360	15079	9219	0.81	61
韩国	77000	1880	1880	2.44	100
马来西亚	94000	1702	1127	1.20	66
南非	525000	1440	825	0.16	57
泰国	64600	300		0.46	
菲律宾	160000		140	0.09	
墨西哥	303262	5683	5683	1.87	100
中国香港	1760		68	3.85	

资料来源:发展改革委经济研究所课题组,收费公路发展的国际经验与启示,《中国物价》2004.3。

二、国外收费公路的市场准入模式

从世界各国道路发展的经验来看,高速公路建设运营基本上存在两种主要模式:一种是依靠公共投资建立的普通高速公路,也就是准入严格限制的模式;另外一种是基于特许经营权的收费公路,引入私人投资的准入模式。20世纪80年代末期以来,收费公路的发展再次加快,不仅发达国家的收费公路建设重新步入快车道,而且收费公路在发展中国家也迅速发展。虽然收费公路占道路总里程的比例在大多数国家一般不超过1%,但收费公路占高速公路的比重却比较高:在印度尼西亚、阿根廷和墨西哥等发展中国家达到了100%;在东亚、拉丁美洲和非洲的一些国家收费公路建设已经发展成了高等级公路建设的主要形式。即使在一些发达国家,收费公路占高速公路的比重也相当高,如日本为61%,意大利为86%,法国为42%。普通高速公路的准入方式比较简单,一般由公共机构直接负责,而收费公路的准入模式则比较复杂。从国际范围来看,收费公路的建设和运营仍主要由政府或公共机构负责,但私营部门的参与程度也在不断提高之中,目前世界上大多数国家私营部门都介入了收费公路的建设和维护，特别是在拉丁美洲地区，私营部门负责了大部分已有道路，其中包括很多由公共资金建成的道路系统的维护。

1. 主要发达国家收费公路的准入模式

依据各国或国内各地区的不同情况，目前收费公路的准入模式还是相当复杂的，私人机构在其中发挥的作用也相差很大，并无统一模式可循。

从世界主要国家的情况来看，法国和日本都是主要依靠企业化运营的公共部门来负责收费公路的建造和运营的。他们的主要特征是国有建设公司以收费为抵押在金融市场进行债券融资用于公路建设和维护。日本政府利用这种方式建造和运营了9000公里的高速公路系统。

美国的情况则比较复杂，其大部分的收费公路项目是一个公营和私营企业共同出资的混合体，但仍存在传统的以公共部门为主的运营方式。美国各州公路收费机构有如下几种主要准入模式。

(1)市政府或县政府：当地政府完全控制当地收费公路和桥梁的财务与所有权，运用收费所得进行融资用于修建公路设施和提供内部运营资金。

(2)当地权威机构或代理机构：根据州法创建类似独立州代理机构的收费实体。尽管它们可能听命于政府的分支机构或政府任命的代理机构，但它们在财政上完全独立于当地政府。这些机构对实体的财政承担着最大的义务和责任，并完全自筹资金用于项目。

(3)附属于州政府的机构：这类机构实质上是作为州交通部门的财政分支部门，负责所有的债券发行，并根据租赁协议将发行债券及收费所得移交给州政府，然后由州政府将其租赁所得用于债券兑付。

(4)独立于州政府的代理机构：由州长任命机构的董事会成员，而机构的发债可能受或不受州财政部门的监察，但机构在确定通行费以及兑付债券等财务方面是自治的。州政府对机构不投入任何资金，最大限度地兑付债券是机构唯一的义务。

(5)新公共设施的创新性融资机构：公有性质，其运营完全或部分依赖于经营开发费、过路费等收入来源。

(6)新公共收费公路的公私混合型融资机构：政府通常通过当地机构对其进

行控制和指导。机构对完全独立且唯一的项目进行融资，如收取的过路费不足，政府对其没有追索权。

(7)新公路的公私合伙制：私企占多数股份，并在财务、建设、经营等决策中起决定作用；公有股份趋向于对整体协议形成框架，支付前期发展的费用等。

(8)由私人出资的新公路：财务及风险责任完全由私人或其资助商承担，是私人股本完全化与应征税债券发行的结合[30]。

总体上由于发达国家公共财力雄厚，加之其公路发展规模较大，因此对收费公路的私人准入方面限制较大，市场准入的突出特点是公共力量占主导地位，私人作补充的格局。

2. 发展中国家收费公路的准入模式

由于发展中国家对公路的巨大需求，在发展中国家的收费公路建设与运营中，私营部门的作用明显超过了发达国家。从目前来看，根据政府的不同目标，可以由四种基本方式来使私营部门参与收费公路建设和运营：一是维护与运营合同；二是大修、运营和转交(ROT)合同；三是 BOT 合同；四是走廊管理和合同。每种方式都产生新的收入，但 BOT 和走廊管理计划还产生新的道路设施。每种方式都会改善维护水平。

目前世界上公路主要的特许经营方式是 BOT，BOT 的特许经营期一般为 30 年，在最终转交给政府之前，私营部门有权建造、维护道路并对道路使用者收费。分地区来看，亚洲各国主要使用 BOT 特许经营权，而拉丁美洲地区维护特许权最常见。但无论何种方式，私营收费公路仍需要政府的大力帮助。政府的帮助可以是多种形式：

(1)土地征用和搬迁居民，这项费用一般占总成本的 15%～50%，这项工作也往往是最费时费力的，政府在这方面的帮助对项目的成功是非常重要的；

(2)直接的资金支持，如参与投资、提供优惠贷款、补贴与赠款；

(3)贷款与股权担保；

(4)给予现有道路的收费权；

(5)影子收费；

(6)减税；

(7)外汇担保；

(8)沿路的开发权[31]。

其中意义较大的,是在项目前期能够帮助项目产生现金流的措施和对未来不确定性提供担保的措施。

三、国外收费公路市场化融资

1. 典型国家收费公路的市场融资

国外收费公路融资活动的对象,绝大多数是高速公路或国家干线公路。各国当前收费公路融资活动从整体上呈现出两种状况。

(1)以政府投入为主,并进一步发展资本市场融资。对应这种状况的国家有美国、英国和澳大利亚等国,下面分别对几个典型国家的收费公路融资情况作简要介绍[32]。

美国的公路建设和管理体制是联邦资助、地方所有的分权式体制,即由联邦政府资助各州境内州际公路项目的建设,建成后由各州进行管理和养护。联邦资助是美国发展高速公路的主要资金来源,一般情况下联邦政府资金在项目投资中占90%左右,州政府资金占10%。但是美国部分州也存在一些收费公路,其建设资金主要来自非政府渠道,融资方式也多种多样。美国传统的收费公路融资方式是发行公路债券,各种运输类债券1992年发行了264亿美元,其中公路债券124亿美元,占该年运输类债券的47%。美国的公路债券几乎均为地方政府债券,由州及地方政府根据项目建设的需要发行。购买债券的资金来源包括私人资金、银行资金、非银行金融机构(如信托投资公司、保险公司等)资金以及国外资金等。加利福尼亚州和佛罗里达州的奥兰多,利用发行债券的方式修建了若干条高速公路。另外,有的州采用BOT融资方式筹集资金,建设收费公路。如1995年9月弗吉尼亚州政府采取BOT方式建成的杜勒斯国际机场至利斯堡收费高速公路,全长25.4公里,总投资3.24亿美元,全部通过私人银行和保险公司融资,州政府不作任何担保,经营期为42.5年,期间不得提高收费标准。

英国自1919年颁布道路法以来,实行国家预算拨款制来资助收费公路。随后,英国政府又建立了道路建设基金来资助收费公路,该基金由汽车牌照税和燃油税组成。1989年,英国政府出台了两个文件"通往繁荣之路"和"新手段建设新道路",宣布政府将更为直接地允许私人集资建设和管理道路。此后英国吸引非政府渠道资金的收费公路项目逐渐增多。融资方式除了推行 BOT 以外,还出现了将高速公路的经营权进行有偿转让的融资方式。另外英国还建立了多种 BOT 衍生形式,如 DBFO(设计、建设、融资和运营),目前已有 4 个高速公路项目、总造价为 6 亿美元的工程正在运用 DBFO 方式运作。

澳大利亚的做法类似于美国,对收费公路实行了国家设立专项基金资助制度。1989 年建立“道路信托基金”,由汽油附加税和柴油税组成,并由《ABRD 信托基金法》规定了用于国家干线公路、城市干线、乡村干道、地方道路项目的比例。近年来,澳大利亚也出现了 BOT 融资方式,而且政府还制定了一套完整的 BOT 项目管理法规。可以看出,政府对收费公路吸引非政府渠道资金的趋势持有肯定的态度,并在积极地参与、引导和规范。

(2)对收费公路实行特许经营制度,收费公路融资比重较大。这样的国家较多,包括法国、意大利、西班牙、墨西哥、智利、印度尼西亚、日本等。这些国家通过对本国高等级公路或国家干线收费公路实行特许经营制度,建成了相当规模的干线公路网。

法国于 1955 年 4 月颁布了旨在建立收费公路新体制的“高速公路法”。1969 年国家又对“高速公路法”进行了修订,目的是吸引更多的资金,特别是私人资本投资高速收费公路。它带来的一个重大变化是通过吸收私人资本和发行非国家担保债券,开辟了高速公路建设资金的新来源。1982 年法国政府决定,对特许经营高速公路的融资和管理制度进行改革,这表现出政府对高速公路管理观念的转变,即从重视个别地段的高速公路,转变到重视某一家特许公司的所有高速公路项目,并最终转变到重视整个高速公路特许经营事业。法国高速公路特许经营公司的资金来源发展到现在,主要由公司自有资金、发行公债取得的资金、中央政府给予的预付款和地方政府给予的无偿补助金构成。

西班牙同样采取了筹资方式建设收费高速公路。1967 年政府提出了“西班牙国家高速公路计划”,并向第一批高速公路公司授予特许经营权。1972 年 10 月正式通过了以特许经营方式进行收费高速公路建设、养护和运营的法律。西班牙高速公路特许经营公司的资金主要来源于国家投入的公共资本、国际国内贷款和特许经营公司自有资金。1973 年的经济危机使西班牙政府对特许公司的管理发生了一些变化,成立了国家高速公路公司。该公司除接收私营特许公司外,还为政府直接参与收费高速公路提供了一个新机制。通过新机制，国家和私营企业可以用共同参股的形式建立公私混合型的特许公司，使高速收费公路有效地获得国家预算的资助。另外，西班牙的收费公路非常重视发行债券的融资方式，其整个收费高速公路网10000亿比塞塔的总投资额中，债券资金约占到41.2%。

日本1952年制定了《道路建设特别措施法》，建立了由国家及金融机构贷款建设公路，并在开通后收取通行费偿还贷款的收费公路制度。最初实行这项制度的是国家和地方公共性组织，后来为更广泛地吸引民间资金，日本开始设立能够综合有效地经营收费高速公路的专门机构，这就是1956年成立的日本道路公团。目前日本高速公路的资金来源主要靠贷款和政府发行国、内外建设债券[33]。

2. 对中国收费公路市场融资工作的启示

以上各典型国家收费公路融资活动发展的经验，对指导中国收费公路融资有着重要的启示[34]，具体如下。

(1)普遍采用特许经营制。从体制上来看，引进特许经营机制，实行收费公路政策是国外总的发展趋势。其目的是更有效地在国、内外金融市场上筹集资金，特别是吸引私人资本。各国引进特许经营机制，实行收费高速公路政策不仅有为高速公路筹集建设资金的目的，也有在基础设施建设中引入市场机制、提高建设和管理效率以降低成本和改善服务的目的。

(2)公路债券是重要的融资方式。从国外融资方式的运用上看，发行收费公路债券是各国筹集建设资金运用较多、筹资比例较大的一种融资方式。国外收费公路融资把向资本市场融资的重点放在了债券市场，并取得很大成功，这说明发行债券是比较适合收费公路的一种有效的融资方式，这种做法值得我国思考和借鉴。

(3)完善的配套体制。收费公路融资渠道的拓展程度与收费公路管理体制和投、融资体制密切相关，各国收费公路融资渠道和方式因本国的收费公路管理体制而异，各具特点。在不同的体制下，政府渠道投入收费公路的资金比例不同，收费公路对非政府渠道融资的依赖程度也就不同。建立有效的收费公路管理体制和投、融资体制，是进行市场融资活动的需要和保障。

(4)充分发挥政府作用。无论是哪个国家，政府在收费公路投、融资活动中都始终发挥着规范、引导和调控作用：一是政府可以通过法律手段为融资活动创造一个有利的外部环境。完备的法律制度，不仅可以为公路公司的经营活动提供充分的保障,而且一个规范的法律环境的形成,可以更有效地吸引大量的私人资本,拓宽融资渠道。二是政府通过制定优惠政策来为收费公路融资营造一个有利的投资环境和良好的社会氛围。例如在美国,允许外国公司在美筹集资金,发行私有股票,并规定投资者购买的公路债券享受免税待遇。三是政府通过经济手段保证收费公路融资活动的顺利实施。当高速公路公司经营困难、发生危机时,政府有责任进行财政干预,使高速公路的运行和维护继续得到可靠的保障。1982年法国政府决定,对采取特许经营方式的高速公路融资和管理制度进行改革,其中包括通过收购股权,将发生亏损的私营特许公司转变为半国有公司,即利用国家担保解除其财政危机。可以看出,对政府在公路这样的基础设施建设中应发挥怎样的作用和应实现怎样的政府职能,国外比我国要认识得更为深刻。

(5)注意处理风险问题。风险的处理及防范在一定程度上是影响融资成功与否的关键因素。选择融资渠道或方式,不仅要清楚项目自身存在的风险,而且要注意各种融资渠道及方式本身的风险状况,还应考虑相关社会经济以及国家政治风险。这些风险因素都影响到收费公路项目的融资是否成功。墨西哥由于在开展高速公路特许经营的初期,政府没有对特许经营工作进行深入细致的研究,对项目费用和风险的测算也比较粗糙,结果金融危机的降临导致了许多特许经营公司经营困难,以致于政府最后不得不实行拯救计划来干预。而智利汲取了墨西哥的教训,采取了包括制定明确的风险分担机制等多种措施来保障高速公路特许经营取得成功。即政府承担的主要风险责任包括担保项目贷款,担保最低交通量,在项目建设过程中发生变更时就特许经营期限或政府补助作相应调整等。因此,在收费公路融资中,对各种风险的化解和处理是值得认真研究的。

四、国外收费公路市场准入的经验教训评述

1. 国外收费公路发展的主要经验

国外收费公路准入模式可分为传统模式和改革后的模式两种[35]。

(1)传统模式

传统的公共收费公路准入模式总的特点是,公共收费建设管理部门不能与私人合作,也就是没有市场准入主体的“私人缺位”。主要的模式如下。

①市或县政府:当地收费公路、桥梁的投资和所有权完全归地方政府。当确

有需要时，可以对特殊收费项目减免地方税收和基金税收。

②地区委员会或管理部门：由州成立的管理部门或委员会管理，接受政府或政府有关处室指定的委员会指导。这些管理部门对所承诺事项有最终的决策权，并完全投资自己的项目。

③州职能管理部门：通常是州交通厅的财务管理部门，在合同协议下，负责所有的债务事项和收费系统的运营。

④独立的州管理部门或委员会：可自主管理财务事项，例如确定收费利率、负责债务偿还等。但是受政策因素约束较多，一般由州长指定的董事会成员管理，独自承担债务偿还责任，州政府不投资。

在传统模式下的收费公路资金来源中，发行收费公路债券是各国筹集建设资金运用较多、筹资比例较大的一种融资方式。国外收费公路融资把向资本市场融资的重点放在债券市场上，并取得了很大成功。美国收费公路融资方式，是通过发售债券获得建设资金，尔后通过收费收入偿还债券。另外，已允许某些州将其联邦基金用作未付债务的资本储备金。这些具有较高信用度的资本储备金无形中提高了公路债券的发行量，减少了发行费用。韩国的公路债券融资占投资计划的40%。韩国发行的公路债券期限一般为3~5年，债券利息率以当时银行利息率计，年利率约为1.2%~1.7%。1996年，在政府支持下，道路公社发行债券1.6万亿韩元(约合人民币120亿元)。此外，各国政府还通过公路债券债息所得税免除等方式，减小发债成本。

(2)改革后模式

在公共投资运营无法满足大量公路需求的时候，对私人投资的需求逐渐变得越来越大。这成了改革后收费公路发展的主要趋势。

①公共投资：公共拥有者和运营者全部或部分依赖财政税收，例如发展资金和收费资金。

②公私混合投资：管理和指导接受政府监督，通常通过地方管理部门，如果有收费收入不充足的情况，全部由自己承担项目投资，没有政府资金。

③公私合营建设：大量的私人资金参与，私人角色是投资、建设、运营；公共角色更多的是通过协议，提供前期资金或承担征地拆迁。

④私人公司建设：资金投入和风险基本上由私人发展商和他们的金融支持者

们承担。

在私人参与收费公路逐渐增多后，现行市场准入的主要模式发展起来多种形式：

①建设—拥有—运营(BOO)：公司得到特许，投资、建设、拥有和运营。

②建设—运营—管理(BOT)：公司得到特许，投资建设、拥有，并在规定期间运营管理，规定期结束以后，移交政府管理部门。

③建设—移交—运营(BTO)：公司得到特许，投资、建设，建设完成后，移交政府管理部门，然后通过租借合同，在规定期间内运营管理。

④收购—建设—运营(BBO)：公司从政府管理部门收购现成的收费公路，在规定期间运营收费。

⑤租借—发展—运营(LDO)：公司从政府管理部门租借现有公路，改造完善后，在规定期间运营收费，收费公路的所有权归政府管理部门。

⑥临时管理公司(LP)：公司在规定期间运营和养护管理现有收费公路，直到收费完全能够偿还债务资金。收费公路的所有权归政府管理部门[36]。

2.国外收费公路市场准入的教训

(1)收费可能不足以弥补道路建设、运营和维护的全部费用。在交通流量较低的发展中国家和一些建设成本较高的地区，收费可能只够弥补运营和维护费用。

(2)私营部门介入收费公路可能导致其他领域的投资挤出，并可能给政府带来长期债务。如法国政府、西班牙政府和墨西哥政府都曾被迫接手了不少难以为继的收费公路项目，东南亚金融危机后不少东南亚国家政府也承担了相当数量的未完成收费公路的债务。

(3)降低道路的利用率。由于交通流量的价格敏感性高，收费公路的交通流量经常低于通过能力，使道路的效益不能充分发挥。

(4)社会影响。收费公路对周围会产生一系列的社会影响，其中有些是正面的影响，而有些是负面的影响。正面影响包括由减少不必要的出行而减少的环境污染，负面影响则包括由于价格过高而使穷人无法使用交通设施。正因为如此，虽然欧洲战后重建过程中的收费公路有较大的发展，如法国在20世纪50年代末和60年代初就开始建设公共的收费公路，在20世纪60年代后期和70年代初开始通过特许经营权引入私人收费公路，但只有1/4的特许经营权项目是成功的，其他均告失败，收费公路发展进入了低潮期。直到20世纪80年代末期以来，收费公路的发展才再次加快。

五、国外收费公路实践对我国的启示

1. 收费公路的市场准入不能“一刀切”

从世界各国收费公路发展的经验教训来看，收费公路总体上失败的例子要明显多于成功的例子，表明虽然收费公路作为弥补财政对公路建设投资缺口的公路建设维护的新的融资渠道和公路建设的重要模式，具有极其重要的意义，但仍然没有成为主要的主体模式，完全依靠自我融资与发展的收费公路目前仍然面临困难。在即使是相对成功的收费公路的例子中，也仍然离不开政府的支持和参与。

一个地区能否发展收费公路，关键要看道路的收费能否弥补道路建设、运营和维护的全部费用。一般来说，在经济比较发达、交通流量比较高的发达地区，收费公路成功的可能性比较大。与此同时，在发达地区设立收费公路，一方面可以为落后地区的公路建设腾出更多的财政预算性资金；另一方面也可以直接转移一部分发达地区的收费用于落后地区的公路建设。而在交通流量较低的欠发达地区，由于收费可能不足以弥补道路建设、运营和维护的全部费用，因此，收费可能只够弥补运营和维护费用，发展收费公路需要政府的支持和补贴。在交通流量更低的落后地区，如果收费可能连弥补运营和维护费用都存在困难，则不适合发展收费公路。

2. 收费公路的市场准入注重发挥公路网的规模效应

公路具有网络的规模效应和公共性，决定了“各自为战”的市场准入方式势必会影响其规模效应的发挥和公益性的丧失。其结果就是由于本该纳入整体网络运营的路段，由于收费的存在，通过降低收费路段的通行率而使得整体网络效益无从发挥。另外收费公路如果以项目为单位进行准入，将使得只有好的路段能够进行融资运营，而通行能力差的路段“无资问津”的状况，那么收费公路发展的初衷——其公益性的特征就无从体现了[37]。

美国的国有公司运营管理的收费公路根据州特别法令授权，组建自我筹资的国有公司，负责在州内修建、运营、管理和养护收费公路，对已建项目由公司对收费公路实行管理和运营，对新项目建设的投资通常为自筹资金或政府支持的免税收费收入担保债券。当偿还了项目的各种债券债务和利息后，收费公路就成为州公路网的一部分，不再继续收取通行费。

20 世纪 80 年代末和 90 年代初，在宾夕法尼亚，两条计划中的收费公路经分析表明资金困难，按以往的办法，将不得不放弃修建这两条路，但是州收费公路部门根据这两条路以及整个州内收费路未来预计的收入来发行债券，成功地投资了这两条路。在俄克拉何马州，收费公路管理机构甚至取得了州政府的同意，在州法律中通过一项条例，对所有的收费公路实施收费，尽管某些路已完成偿还债务，也一直到整个州的收费公路系统所有债务偿还完才结束收费。

日本政府制定的《道路建设特别措施法》，建立了由国家级金融机构贷款建设公路并在开通后收取通行费偿还贷款的收费公路制度。为了广泛吸引民间资金，日本设立了能够综合有效地经营收费高速公路的专门机构——日本道路公团，负责日本高速公路和国道的建设、养护和管理。

第二节　中国收费公路市场准入的发展

一、中国收费公路市场准入的发展历程

相对于发达国家收费公路发展的较长历史，我国的收费公路发展时间并不是很长。改革开放以来，尤其是 1984 年“贷款修路、收费还贷”政策出台以后，以收费公路为主的我国高等级公路才开始迅速发展，但是在发展的数量上和质量上都实现了重大突破，高速公路实现了从无到有“零”的突破，跃居世界第二位，收费公路总里程为世界第一。据统计，1985 年至 2003 年，依托公路收费政策，我国共筹集公路建设资金超过 8000 亿元，占同期公路建设总投资的 60%左右。所有已建成的高速公路、80%的一级公路和 44%的二级公路是依靠“收费公路”方式建设的，占全世界收费公路总里程的七成以上，是全世界收费公路发展中绝无仅有的。

另外从目前以收费公路建设运营为主业的企业发展水平来看，截至 2003 年年底，沪深两市以高速路桥建设和经营为主要业务的上市公司有 16 家，已初步形成了一个具有独特概念的市场板块。从主营高速公路上市公司近几年的年报来看，高速公路上市公司总体上资产负债率较低，近 5 年行业平均资产负债率最低为 15.52%，最高为 36.48%，平均资产负债率 29.73%，财务状况良好，现金普遍较为

充足。平均资产规模连续5年保持较高增长,平均资产规模为43.15亿元,比1996年的11.35亿元增长了2.8倍,平均股东权益为2977亿元,比1996年的9.3亿元增长了2.2倍。在资产增长的同时,行业平均主营业务收入和净利润持续高速增长,平均主营业务收入为3.58亿元,比1996年的1.48亿元增长了1.41倍,平均净利润为1.8亿元,增长了0.85倍。

二、中国收费公路市场准入的制度变迁

中国收费公路的快速发展和市场准入程度的不断提高有其自身相应的政策制度背景。从1984年首次明确提出发展收费公路的思路,至今收费公路的相关规划、制度、政策也在不断完善当中。

1. 收费公路市场准入的开端阶段——注重发挥公路商品属性的阶段

1984年12月,国务院第54次办公会议将"贷款修路、收费还贷"确定为促进公路发展的优惠政策之一,开始了我国建设收费公路的历程。20世纪80年代初期,广深公路等一批基础设施建设,率先突破公路建设全部依靠国家投资的传统体制,进行"贷款建路、收费还贷"的尝试。同时,山东滨州黄河大桥因资金缺口无着落,进行"以桥养桥"的收费。1988年交通部、财政部、国家物价局发布《贷款修建高等级公路和大型桥梁、隧道收取车辆通行费规定》([88]交公路字28号)后,标志"贷款修路,收费还贷"政策的正式实施。

应该说,"贷款修路、收费还贷"的优惠政策,使得在改革开放前,公路建设单纯依靠财政投资的体制,发生了本质的改变。公路投资支付主体市场准入,从资金来源上出现了松动,除了财政资金外,金融信贷资金也可以进入公路的投资建设了。这一变化标志着收费公路市场准入的开端。

市场准入的开端建立在公共物品市场提供的理论基础之上,是公路建设开始了其公益性和盈利性的结合,这样就从我国的实践上有了解决困扰已久的资金问题的出路,使得公益性的发挥可以借助盈利性来更好地实现。这样融资的手段开始从单一的财政,发展到了信贷资金的参与。

2. 收费公路市场准入的拓展阶段——打破公路垄断经营的阶段

1994年交通部、国家计委、财政部《关于在公路上设置通行费收费(站)的规定》(交公路发[1994]686号),在政策上进一步明确了收费公路建设标准、收费里

程和站点设置间距。同年,党的十四届三中全会提出"产权交易"后,一些省(市)开始以公路基础设施从事产权交易活动,对部分公路实行商品化管理,以筹集公路建设资金。即转让已建成公路的收费权,也就是所谓公路经营权,从而获得一定数额的资金,将所筹集到的资金再投入到新的公路建设上。通过这种转让公路经营权的筹资方式,滚动发展公路,加快公路建设步伐。转让新建公路的产权与经营权,不仅增加了公路建设的融资渠道,而且还推动了公路建设的全面市场化。

国家在1996年把公路收费权的转让作为吸引社会资本投入公路建设的一项政策写入法规,交通部出台了《公路经营权有偿转让管理办法》,这充分说明收费经营公路得到社会及国内外经济实体的认同。公路经营权的有偿转让,标志着我国交通基础设施单一经营主体的突破,为公路建设资金的快速回流创造了条件。

这一时期市场准入的特点是,在产权、经营权的层面上开始了更加宽松的准入,改变了国家作为唯一收费公路建设经营主体的格局。从此,收费公路的融资手段开始多样化,包括除了财政、信贷融资外的债券融资、股票融资、转让经营权、利用外资、BOT融资和项目融资等,国际上几乎所有的融资方式都有实践。

3. *收费公路市场准入的规范阶段——注重公路网络性的阶段*

1998年1月1日起施行的《公路法》,将收费公路通过法律肯定。实施的《公路法》明确规定:国家鼓励、引导国内外经济组织依法投资建设、经营公路;国家允许依法设立收费公路,同时首次开始对收费公路的数量进行控制,并具体明确设立收费公路的条件:

(1)由县级以上地方人民政府交通主管部门利用贷款或者向企业、个人集资建成的公路;

(2)由国内外经济组织依法受让前项收费权的公路;

(3)国内外经济组织依法投资建成的公路。

为便于分析,把第一种定义为"政府还贷收费公路";将二、三种定义为"经营性收费公路"。

2000年交通部出台了《公路建设监督管理办法》(中华人民共和国交通部2000年第6号令),首次对公路建设市场准入作出了完整的规定,从市场准入的技术市场条件、准入动态管理、审核的方面作出了明确细致的说明。

2004年9月13日,温家宝总理签署国务院第417号令,颁布了《收费公路管理条例》,已于2004年11月1日起施行。这是我国第一部专门规范收费公路的行政法规。条例既规范了经营者的经营管理行为,又兼顾了社会公众的合理需求,能够避免收费公路的扩张,体现公路设施社会性和公益性的基本要求;充分发挥市场在资源配置中的基础性作用,引导民营资金进入公路建设。

可以说收费公路在经历了蓬勃的发展后,政府已经开始从单纯的鼓励发展,转向鼓励中规范。这种规范主要是围绕着如何发挥公路全网络效益,控制收费公路建设这一目的展开的[38]。

三、收费公路市场准入制度变迁的逻辑

收费公路政策的变革,标志着中国收费公路不同的发展阶段。由于收费公路的共性特征导致了政策是决定不同发展阶段的特征的主要因素,因此辨析政策变革的逻辑就是把握中国收费公路发展脉络的关键。收费公路政策变革的路径不仅遵循具有制度变迁的一般过程,而且具有我国经济发展制度变革的一般特征。

首先遵循成本效益的原则,这是制度变迁的一般逻辑[39]。

1.第一阶段

收费公路准入政策在我国的首次出现是在1984年,在原有的政策框架下,我国公路发展遇到了资金严重短缺的局面,公路供给和需求带来的矛盾不断增加,维持原有制度框架的成本也不断加大;另一方面,公路供需的不平衡,带来了公路作为准公共产品所具有的拥挤性特征逐渐明显,准公共产品的负外部性加大,又加重了制度维持成本。在这样的前提下,一种成本更低、效益更大的制度就有了变迁的可能。

1984年是我国改革开放政策的初始阶段,在这样的背景下,城市改革开放的新生事物首先在南方萌芽,于是我国的第一条收费公路在广东出现,也就是新制度变迁的使然了。

2.第二阶段

收费公路的产权变革政策,产生在20世纪90年代。第一阶段收费公路的发展可以说是发挥公路商品性的阶段,公路从无偿使用变为有偿使用,因此以前公路的纯公共性变为准公共性,符合了公路原本具有的经济属性。但是第一阶段的变革还没有使收费公路的属性得到最恰当的表征,主要缘由在于市场准入的主体

是单一的,可以说是实现了需求市场化的单一市场准入,在供给一方并没有实现,因为当时的信贷资金还是国有体制下的政府行为,带有相当的财政预算资金性质。

收费公路单一准入主体人为造成了垄断,垄断会带来福利的损失和降低效率。对于收费公路来说,就收费的合理性问题、供给的合理性问题等:一方面提升了人们使用公路这一公共产品的成本;另一方面又可能继续造成供给的短缺成本,因此,垄断经营下的成本不断提高。

20世纪90年代中期,正是我国进行产权改革的起始。在这样的背景下,收费公路国有垄断地位的变革,就有了变迁的一条成本较低的依赖路径,于是市场准入的产权改革制度就发生了。

3. 第三阶段

收费公路打破垄断后,公路发展迅猛,公路的网络规模性逐渐显现,这一阶段公路的另一经济属性开始显现,而收费公路过多的发展在市场准入的进程中产生了另外的问题,一路一单位已经人为地将整个公路网络进行了分割,收费价格和收费站点设置的阻隔效应已经逐渐显现出来。原收费公路制度在促进公路发展形成网络的同时也在不断提高自己存在的成本,公路网络规模性使得分割过度的收费和费用价格的弹性阻碍了车辆对收费公路的使用,这种需求的减少,削弱了收费公路的供给激励,从而使得市场准入的积极性降低。要改变这种情况,只能进行一定的变迁,提升收费公路的网络规模性。这一阶段规模不经济带来的成本已经超过了前一阶段供给需求不平衡所带来的成本。

20世纪90年代末期至今,我国社会经济发展的背景恰为这种变迁提供了极低的变迁成本。这一阶段,从电信行业开始,政府开始推进了垄断行业的放松规制进程:联通的成立、电信和网通的分家、民航的重组、电力的分解等。在这样的背景下,公路垄断收费乱设站点影响公路网络规模的制度存在的成本自然升高,于是新的制度就逐渐出现了[40]。

第三节　市场准入主体的界定

收费公路的市场准入是一个谁来参与、如何参与的问题。因此首先要解决的就是市场准入的主体问题。主体的界定涉及市场准入的程度、收费公路的建设等等诸多方面。

一、公路主体类型的划分

根据对中国收费公路建设的分析，客观上存在着不同类型和多重属性。虽然公路发展对整体国民经济影响巨大，体现出综合的功能性效果，但线路的不同性质和运营的不同状况，包括运量、运价、造价、成本等因素，使公路经营状况千差万别，不可能同步进入市场化运营。有些公路的建设与经营完全属于“市场失效”范畴，有些公路则可以较为容易地进入市场运作，还有些公路在具备一定条件后，可有限地进入市场，这就决定了在由计划经济转向市场经济的条件下，公路的建设与经营必须采取不同的政策。对应投资主体和投资政策，我国公路可划分为三种类型，即公共提供型、混合提供型和市场提供型。

1. 公共提供型公路

公共提供型公路是以国家利益为目的，为国家政治、经济和国防需要服务的，不仅具有边疆开发、边贸性质，而且具有加强民族团结、维护边疆安定的政治意义。此类公路的修建和运营，主要体现社会效益，不以盈利为目的。公路本身既无还贷付息能力，经营也多为亏损。此类公路又可分为：国土开发型公路，即为边疆省、区的开发和边防服务的线路；国际通道型公路，即为国际交流服务的线路；城市公路，即为城市公共交通和市郊运输服务的线路。

公共提供型公路属非盈利性质，就项目本身是无法调动企业和社会投资的积极性，也难以维持经营，系典型正外部性公共产品。国家作为此类公路建设的投资主体责无旁贷，建设资金应由中央和地方财政解决。经营可采取两种方式：一是“国有国营”，即由国家投资、国家管理与经营的方式。这一方式实行收费由国家确定，经营亏损由财政补贴。二是“国有民营”，即投资与经营分离的方式，国家投资建设，企业市场化经营。国家与运输企业签定运输合同，国家规定合同计价，运输企业按照国家合同规定的要求完成运输任务。对运输经营中出现的亏损，由国家予以补贴，采取“庇古路径”。

2. 混合提供型公路

混合提供型公路又可分为两类，经济开发类和资源开发类。经济开发类是为地区经济发展服务的，主要为跨地区或某一地区的经济开发提供运输通路。此类线路具有较强的社会效益性质,可有一定的投资回报能力,投资回报能力的大小主要取决于地区经济发展状况和投资政策及价格政策。此类公路又可分为:区域经济开发型线路,主要服务于跨省、区经济开发的区际运输通道;地区经济开发型线路,主要为本地区经济发展服务;陆海通道、港口后方通路等。

经济开发类公路的运量能较长时期增长,多能达到中等运量及以上水平。一类是初期运量水平较高,增长速度较快并持续稳定增长,一般是区际运输通道;另一类是地区运输线路,增速比较缓慢。在这些线路的建设中,跨省、区的运输通道应以地方政府投资为主,中央政府给予一定比例的资金资助;地区型线路应以地方政府投资为主。无论哪类公路,都应争取多元化的投入资金,并给予此类公路的投资主体优惠政策,使其获得相应利益回报,调动企业作为投资主体的积极性。此类公路经营可实行地方运价或特殊运价,由地方政府与运输经营企业协商决定。这类线路定价不宜过高,地方政府可与运输企业协商,由地方政府财政予以补贴。经营性较强的这类项目,可根据当地的具体情况实行地方特殊运价。

资源开发类公路是为煤炭、石油、矿石、森林等资源开发和运输而修建的公路。此类公路的特点是运输服务的对象比较单一，运量集中。它是服务于单项资源开发的公路。此类公路主要为资源开发者服务，受益者明确，投资者可对资源的开采、运输、使用作出通盘考虑。依据“谁受益、谁投资、谁负担”的原则，投资主体以资源开发所有者为主，即国家需要开发的，由中央政府作为投资主体；地方需要开发的，由地方政府作为投资主体；企业需要开发的，由企业作为投资主体；需要国家、地方或企业联合开发的，由联合各方作为投资主体。项目投资的筹集、建设和经营以及债务偿还应由投资主体负责，联合的投资主体应由联合各方依据投资比例分别负担有限责任。经营方式一般采取市场化的原则自主经营、自负盈亏，并实行市场化运价。计价由投资主体确定，可实行普通计价或特殊计价。

3．市场提供型公路

市场提供型公路,主要是为满足新的运输需求服务的公路,其盈亏主要取决于企业的经营。属于此类公路的主要有高速公路、快速公路,企业自身需要的技术改造项目和具有市场化经营性质的竞争型线路。

市场提供型公路建设的投资主体以企业为主,各级政府予以政策支持。各投资主体可自主决策，参与竞争投资、建设与经营。此类项目的资金筹措渠道较为广泛，可以通过银行贷款、发行债券、股份融资、项目融资（BOT、TOT）等方式筹集建设资金。建设债务应由企业经营者偿还。

上述分类并非绝对，各种不同类型的投资与运营方式可交叉使用，以求达到最佳效果。政府对各类公路的管理也要分类实施，尽可能采取市场化运作方式。尤其在公路运输经营无替代的领域，以及公益性运输和亏损线路的经营，可实行"特许权经营"，以吸引民间资金和外资，引入充满活力的经营方式，降低公路建设与经营成本[41]。

二、政府作为市场准入主体的分析

市场准入主体表面上是无关政府的概念，但是无论在我国还是国外收费公路发展中，政府都作为了市场的一类准入主体参与了收费公路的建设和运营。这里首先分析政府进入市场的理由，然后结合政府进入的方案进行具体分析。

1. 政府作为市场准入主体的理由

(1)政府是公路运输业的投资主体，投资管理是政府对公路运输业进行宏观管理的一项重要职能。因为公路运输业是一个国家重要的基础产业，不仅有重要的经济功能，而且有重要的社会功能。公路运输基础设施建设投资巨大，回收期长，利润率低，即使是在发达国家，也是私人资本难以涉足的领域，所以大部分发达国家都把公路的建设作为政府财政投资的重要目标，或通过各种办法来筹集资金，以便使投资来源有可靠的保证。从一般的情况来看，一个国家在经济高速发展之前，运输业在总投资中的比重多数都超过20%，有些更高达40%~50%。目前发达国家对运输业的投资占其国民生产总值的2%以上。据世界银行统计，目前经济发达国家对交通的投资一般占国家总投资的10%~14%，发展中国家对交通运输业的投资约占总投资的20%~28%。

政府之所以是主要的投资主体，是因为政府是公共利益的代表，又是国家长远利益的代表，政府有义务也有能力完成这一历史使命。在公路运输基础设施的建设当中，政府的投资主体地位是不容忽视的。如韩国政府制订了庞大的运输业发展计划，预计至2011年，高速公路将由现在的1602公里增加到5100公里。据推算，为了包括上述公路在内的全部铁路、港口等基础设施的增长目标的实现，

2011年前需261兆韩元,政府计划投资176兆韩元,占67.4%,政府计划投资占总投资的比例是逐步增加的。

(2)政府也是重要的筹资主体。政府在公路运输业的发展中,不仅应该是运输基础设施建设的投资主体,而且也是主要的筹资主体。政府为运输基础设施建设筹资的方式主要有以下几种。

①发行债券。通过发行债券来为公路运输基础设施建设筹集资金,是各国政府比较通行的做法。如美国修建高速公路的筹资渠道虽然十分广泛,但主要的还是依靠发行债券。此类债券分三种:第一种是为业主发行的长期债券,成本较高;第二种是为州政府发行的债券;第三种是公司债券,由州政府或地方政府担保。

②贯彻"受益者负担原则",征收各种税费。公路运输基础设施属于社会的公共设施,是为全社会服务的,社会效益很高,因此,无论是直接受益者,还是间接受益者,均有负担运输基础设施建设费用的义务。基于这样的理解和认识,政府可以贯彻"受益者负担"的原则,向各种受益者征收税费,以回收或筹集建设资金,推进基础设施建设的发展。如欧洲联盟成员国现行的公路税收体系由三大部分组成:一是汽车消费税:包括新车销售税,即向购置新车者征税;汽车年消费税,即以每年注册税和每年使用税的形式缴纳;"公司公车"和通勤队的税收,即对"公司公车、通勤车、学生公共汽车"实行优惠税率。二是汽车燃油税,包括汽车燃油普通消费税和增值税,欧共体于1993年规定从当年起成员国对汽车燃料消费至少征收15%的增值税。三是公路使用费税,即对公路使用者征收各种费税。在欧洲30%左右的高速公路是收费公路,在法国、意大利、西班牙,该比例甚至高达90%。在瑞士,任何国内国外的汽车,只要想在该国高速公路上通行,即使只此一次,也必须缴纳一年的使用税以取得许可证。挪威、芬兰、瑞典均对重型货车征收不同等级的公路使用税。上述税费构成政府十分可观的财政收入,如1990年汽车燃油税占英国税收总量的5%,占法德两国各自税收总量的4%以上;1991年法国、意大利和西班牙三国的公路收费直接获得的财政收入分别为35亿、17.5亿、9亿美元。政府掌握这些财政收入之后,就可以拿出其中的一部分或全部用于公路建设。美国政府为修建高速公路筹措资金,除了征收车辆注册费、驾照费、汽油柴油税外,还将向房主征收的房地产税中的一部分用于高速公路建设。我国自改革开放以来也吸收国外的经验实行部分公路收费,并开征购车税费,但只有海南省试行过

汽车燃油税，全国范围内尚未形成一套可行的税费收缴办法和有效的管理程序[42]。

③吸引民间资金，实现投资渠道多元化。即开辟多种投资来源，吸引企业投资、私人投资等。如韩国政府为在运输基础设施建设中吸引更多的民间资本，在1994年制定了《交通设施的民间资本吸引促进法》，预计到2011年，民间资本利用率将达到占总投资10%的水平。

国外采用BOT方式的成功例子很多，但投资额最大、最有影响力的当数英吉利海底隧道工程。该工程是由英国海峡隧道工程集团公司和法国法兰西—曼彻公司发起的，总投资132亿美元，工程历时8年，两国政府未花一分钱，全部由民间投资。从投资结构看，100%为私人资本：股票占17.5%，贷款占82.5%。政府在这一工程上给予特许公司55年的特许经营权，并保证在33年内不再开辟新的海峡通道，此外再无其他任何特许权，但是这一工程却使英、法两国人民100多年的愿望变成了现实，使两国政府和人民受益颇大，隧道的开通大大促进了两国国民经济的发展和国际间的贸易往来[43]。

④利用外资。在一些发展中国家，大力引进外资用于运输基础设施的建设已经有不少成功的经验。改革开放以来，外资也成为我国加快交通基础设施建设的重要资金来源之一。至1994年年底，公路建设方面先后利用世界银行、亚洲开发银行贷款33.2亿美元，日本海外协力基金贷款2900亿日元，还有一些政府的双边贷款（含部分港口的统计数据）。到1995年，其利用外资贷款参与的公路项目里程达3000多公里，一般公路约3000公里。

2. 政府作为市场准入主体方式的方案分析

收费公路建设往往是由于制度安排方面没有给予足够的激励而造成的。基础设施的技术特性和经济特性，使政府在提供基础设施方面可以发挥特殊的作用，而成为主体。然而，往往由于政府在这方面处于绝对统治地位并滥用干预权，所以，在许多情况下，政府并不是个合格的市场准入者，也未能提高这些基础设施的效益。

在关于提供公路基础设施的众多的体制性安排中，我们分析总结了四种方案。这四个方案体现了所有权、融资、经营和维修责任的不同情况，以及风险在政府和私人部门的分布，见表4-2。这其中方案A和方案B是表明政府准入市场的方式,其他一并列出以便于比较[44]。

四个方案的比较分析　　表 4-2

功　能	方案 A					方案 B		方案 C	方案 D
	政府部门	国有企业				租赁合同	特许合同	私人(包括合作)所有与经营	使用者或社区提供
		传统的	公司化和商业化	有服务合同	有管理合同				
资产所有	国有	国有(大多数产权)				国有(大多数产权)		私人(大多数产权)	私人或共有
部门投资计划,协调,决策,规章	内部到政府	通过上级部委	上级部委或单设的公共机构			公共机构与私人经营者谈判		无或公共机构	无或公共机构
资本融资	政府预算	补贴和公共贷款	主要依靠市场的融资			公共	私人经营者	私人	私人
经常性融资(流动资金)	政府预算	主要是补贴	主要是内部收入			私人经营者		私人(政府可能为公共服务付款)	私人
经营和维护	政府	国有企业		提供具体服务的私人经营者	私人经营者	私人经营者		私人	私人
征集税收	政府	政府或国有企业	国有企业			私人经营者		私人	私人
其他特点:管理自主权	政府		国有企业		私人经营者	私人经营者		私人	私人
商业风险承受者	政府		国有企业		主要是国有实体	私人经营者		私人	私人
私人方面消费的基础	不适用			根据提供的服务固定的收费	取决于服务的结果	取决于结果,减去经营者利用现有资产支付的费用		私人决定	私人决定
一般期限	无限			5年以下	大约3年	5~10年	10~30年	无限	无限

方案 A:国有公营。由政府部门、国有企业或准国有部门履行公共提供的职责,是公路所有权和经营权中最常见的形式。成功的国有企业按照商业原则经营,赋予管理人员经营权以及不受政治干预的自由,但同时这些企业也常常通过签订业绩协议和管理合同来使管理人员负起责任来。它们与私营企业一样,遵守良好的商业规范,同样受到规章制度、劳动法、会计法和补偿标准及做法的制约。费率的确定以抵补成本为原则,任何给企业的补贴都要用于具体的服务内容,而且数额是固定的。但由于它们抵御政府支持的变化的能力很弱,因此能坚持实施方案 A 的成功范例很少,很多国家的国有企业在一段时间内的业绩很好,但很快又沦为政治干预的牺牲品。

方案 B:国有私营。这种方案的实施一般通过下列方式进行:国有公路的全面经营和维护的租赁合同或特许权,它包括新生产能力的建设与融资责任,所有者(政府)和经营者(公司)的协议在包含规章性条款的合同中确定。私人经营者通常要根据特许承担经营的所有商业性风险,并分担投资风险。特许还包括根据 BOT 及类似协议而拟定的建造和经营新设施的合同[45]。

方案 C:私有私营。公路的私有私营情况正在增加,这一方式既有私营企业新进入公路市场,也有对全系统公有制的股权剥离。在可以就提供服务展开竞争的情况下,私有制是可以肯定的,在很多基础设施部门,有可能确定这类活动并由私人提供。在提供者之间的竞争成为可能时,私有私营就几乎或干脆不需要有超过适用于所有私营企业的经济规章。跨部门的必要竞争也会发生公路与铁路的竞争。

如果基础设施系统已全部或部分实现了私有化,而且不存在跨部门的竞争,那么就需要为私人和公共的服务提供者制定规章制度,以防止滥用垄断权。

方案 D:社区和使用者提供。对地方性的小型公路来说,由社区和使用者提供是最常见的——如农村支线道路,当然它也常常是中央和省级服务的补充。成功的社区提供需要使用者参与决策,尤其是参与对优先支出事项的确定,以及保证平均和无异议地分享提供服务的收益和分担其费用。

第四节 市场准入的条件与方式研究

市场准入是国家对市场主体资格的确立、审核和确认的法律制度,包括市场主体资格的实体条件，取得主体资格的程序、条件和方式。其表现是国家通过立法，规定市场主体资格的条件及取得主体资格的程序，并通过审批和登记程序予以执行。

收费公路事关整个网络的规模性，同时又是事关社会效益的交通基础设施，因此对其市场准入条件和方式有专门的相关规定，以维护公路建设市场秩序，规范公路建设市场行为，确保公路工程质量。

一、市场准入的条件分析

收费公路的市场准入条件，实际是保证公路建设规模、质量的先决因素。准入条件更多的是涉及市场主体自身素质的问题，合理的条件既满足收费公路的公共利益，又能使得准入能够产生足够的激励。

交通部主管全国公路建设市场准入管理工作，对各省、自治区、直辖市公路建设市场准入规定执行情况进行监督检查。省级交通主管部门主管本行政区域内公路建设市场准入管理工作，对省内各地(市)、县公路建设市场准入规定执行情况进行监督检查。各级政府交通主管部门依法对公路建设市场进行监督管理，维护公路建设市场的统一开放、竞争有序，禁止地区分割和行业保护[46]。

目前中国收费公路在市场准入管理和主体上，均为项目法人和从业单位管理。项目法人是指依法组建、享有公路项目建设管理权利，承担相应义务和责任的法人，分为公益性公路建设项目法人和经营性公路建设项目法人。其中的从业单位是指从事公路勘察设计、咨询、施工、监理、试验检测业务的单位，及提供相关服务的社会中介机构。

这样的话，公路建设市场准入其实就是对项目法人的资格审查和对从业单位的资信登记。资格审查是指政府交通主管部门对进入公路建设市场的项目法人的机构设置、人员配备和管理能力的审核确认。资信登记是指政府交通主管部门对进入公路建设市场的从业单位的资历、能力和信誉的审核确认。通过资格审查的项目法人，可独立享有批准的公路建设项目管理权利，对建设项目质量、投资和工期负责。通过资信登记的从业单位，依据核定的资信登记等级和经营范围，可在全国范围内参加相应公路工程建设活动。公路建设市场的资格审查和资信登记工作遵循公平、公正、客观的原则。项目法人和从业单位进入公路建设市场，应当遵守国家法律、法规,诚实守信,注重质量[47]。

1. 关于准入主体的资格条件

目前我国的收费公路建设项目法人,必须通过资格审查后方可进入公路建设市场。申请资格审查必须具备以下条件:法人资格;与拟建工程规模相适应的组织、技术、财务管理人员和相应机构;对项目筹划、资金筹措、建设实施负责的能力;经营性公路建设项目法人还应具有运营管理、债务偿还和资产管理全过程负责的能力。

公路建设项目法人如委托具有相应资格的单位进行建设管理,必须按项目管理权限报交通主管部门核准备案。经营性公路建设项目法人应当依法设立有限责任公司或股份有限公司。公路建设从业单位必须通过资信登记后方可进入公路建设市场。申请资信登记必须具备以下条件:从事公路工程业务的营业执照;相应等级的公路工程资质证书;近五年从事公路建设活动的业绩、人员、设备、资金、信誉等方面的评价和证明。

勘察设计单位的资信登记等级分为甲、乙、丙、丁级,咨询单位、招标代理机构和监理、试验检测单位的资信登记等级分为甲、乙、丙级,公路工程施工单位资信登记等级分为一、二、三、四级。项目法人资格审查和从业单位资信登记的标准由交通部另行制定。

2. 关于准入主体资格条件的审批程序

项目法人的资格审查和从业单位的资信登记,由交通部和省级交通主管部门按分级管理的原则审批。

国道主干线项目和国家、交通部重点公路建设项目的项目法人的资格审查,由交通部负责;其他公路建设项目的项目法人的资格审查,由省级交通主管部门负责。甲、乙级勘察设计单位和咨询、监理单位,甲级试验检测单位和招标代理机构,一级公路工程施工单位的资信登记,由企业注册地或所在地省级交通主管部门进行初审,报交通部审核登记。其他等级从业单位的资信登记,由企业注册地或所在地省级交通主管部门审核登记,登记结果报交通部备案。

项目法人的资格审查申请,应在可行性研究报告批准后,初步设计批准前,按项目管理权限报交通主管部门审批。交通主管部门应在收到资格审查申请30日内予以批复。

从业单位由交通部进行资信登记的，每年 3 至 5 月为申报时间，6 月为审查登记时间；由省级交通主管部门进行资信登记的，申报时间以及审查登记时间由省级交通主管部门自行确定。

申请进入公路建设市场的项目法人，应当填写《公路工程项目法人资格审查申报表》。申请进入公路建设市场的从业单位，应当填写《公路工程建设从业单位资信登记申报表》，并提供相关文件。《公路工程项目法人资格审查申报表》和《公路工程建设从业单位资信登记申报表》格式由交通部另行制定。

3. 关于市场准入条件的动态管理

在我国项目法人的资格审查和从业单位的资信登记实行动态管理，审查登记机关应定期发布登记信息。项目法人的资格审查结果在批准的公路项目建设期内有效。项目法人的组织机构和人员发生重大调整的，应由调整后的项目法人向原审批机关重新申请资格审查。

从业单位的资信登记有效期为一年，有效期满后进行复审。复审申报时间、方式及审批原则同资信登记。公路建设从业单位申请资信登记复审，应当填写《公路工程建设从业单位资信登记复审申报表》，并提供相关文件，按规定程序报原资信登记审批机关审批。在规定时间内未申请资信登记复审的，视为放弃资信登记；放弃资信登记和复审未通过的，均不得进入公路建设市场。从业单位发生名称变更、重组等重大变更的，应在 2 个月内由变更、重组后的单位向原审批机关重新申请资信登记。

4. 我国公路市场准入条件的惩罚措施

项目法人发生违规行为，视情节轻重由资格审查机关通报批评、限期整改、责令停工；情节严重的，对全部或者部分使用财政性资金的项目，可以暂停资金拨付，并建议有关部门依法对有关责任人给予行政处分。违规行为包括：允许无资信登记的从业单位从事公路建设；允许从业单位转包、违法分包、越级承揽公路建设任务；管理的公路建设项目发生一般、重大质量和安全事故等。

从业单位发生以下违规行为，具有管辖权的资信登记机关可给予有关责任单位通报批评或取消资信登记的警告处理；发生质量问题的，给予通报批评；发生一般质量事故的，取消半年资信登记。更严厉的是发生下列行为之一的，视情节轻重可取消有关责任单位 12 年资信登记：以欺骗手段取得资信登记承揽公路建设任务的；转包、违法分包、越级承揽公路建设任务的；发生重大质量事故、安全事故的等。

同时政府交通主管部门工作人员及进入公路建设市场的从业人员出现失职、渎职、索贿、行贿、受贿行为，损害有关单位合法权益和国家利益的，视情节轻重由交通主管部门会同有关部门依法给予行政处分；构成犯罪的，依法追究刑事责任。

二、市场准入方式分析

收费公路的市场准入方式，就是指市场主体进入收费公路建设经营的种种方式，根据国外和我国的实践，本书从融资方式(表 4-3)入手作如下总结评述。

不同类型公路适宜融资方式表　　表 4-3

融资方式	适宜公路类型		融资难易程度	融资额度大小
	高等级收费公路	低等级非收费公路		
政府财政投资	√	√	中等	大
银行贷款	√	√	较易	大
外商投资	√		难	小
公路建设债券	√	√	中等	较大
股票	√		难	较大
BOT 融资	√		难	较小
项目融资	√		难	较小
公路经营权转让	√		难	较小
以工代赈	√		较难	较小

1. 政府财政投资

政府财政拨款是目前我国公路建设的主要资金来源，即国家每年按公路建设的计划项目，由国家和地方政府各级财政拨款，资金主要来源于公路的养路费及车辆购置税。政府作为市场准入主体拥有的绝对资源。

公路养路费是国家通过交通部门向用车单位和个人征收的用于养护、改善和管理公路的一种专项事业费，是公路建设、养护、管理的主要资金来源。这部分资金随着最近几年交通量的不断增长，数额也有较大幅度的增长，但扣除养护、管理经费后，直接用于公路建设的费用并不多。车辆购置税是由国家向所有购置车辆的单位和个人一次性征收的用于公路基本建设的费用，它是我国公路建设的重要资金来源。

2. 银行贷款

银行贷款是指向国内外金融机构的贷款，其具有额度大、还款期长的优点，因而成为我国目前高等级公路建设主要的融资方式，是近年来我国公路建设的一个重要资金来源。目前我国已逐步取消贷款限额控制，使商业银行拥有充分的贷款自主权，这种新的信贷资金管理体制将会有利于商业银行积极参与高等级公路建设的投资。银行贷款融资经过多年的实践，其运作模式成熟规范、手续简便、风险规避机制完善，事实证明是一种较好的融资方式。

3. 外商投资

利用外资是国家为解决公路建设资金短缺而采取的重要政策性措施，是目前我国部分经济发达地区高等级公路建设主要融资渠道之一。但是，由于公路建设投资存在的高风险性，外商投资一般要求有较高的投资回报率，加上我国对外资的利用审批时间较长、审批条件较为严格等因素的影响，致使引进外资建设公路的速度及额度受到一定的制约。

4. 公路建设债券

公路建设债券主要分为国家债券和企业债券两种。国家债券是由政府发行的公路建设债券，它是公路建设行之有效的融资方式。其发行主体是政府，对广大投资者来说投资风险较小、投资回报率较高，能够极大地激发投资者的投资热情，因而国家债券的融资额度较大。企业债券是由具有资信等级和经营资格的金融机构或企事业单位发行的公路建设债券。企业债券发行规模有限、手续复杂、发行管理体制不健全，且投资风险较大，因而采用该方式融资有限。

5. 股票

股票融资在发达国家是一种极具发展潜力的融资方式，随着国内股票市场的逐步规范化，通过股票市场进行融资，效率高、成本低。股票融资不需要归还本金，仅支付红利，有利于减轻企业债务负担。股票融资在我国发展时间还不长，目前虽然已有几家公路企业通过上市募集公路建设资金，但由于目前我国股票市场人气不旺，加之新股扩容过快，股民得到的投资回报率较低，因此公路企业上市融资及二级市场扩股再融资仍比较困难。

6. BOT 融资方式

BOT 融资方式，即为建设—运营—转让方式，它是近年来工程项目融资的一种新型途径。BOT 模式是由项目所在国家政府或所属机构为项目的建设和经营提供一种特许协议作为项目融资的基础，由本国公司或者外国公司作为项目的投资者和经营者安排融资、承担风险，由该特许公司全面负责公路项目的建设、运营与维护，在已确定的年限之后，该特许公司将服务能力较好的公路交还给政府或政府代理机构的融资方式。BOT 模式一出现，就引起了国际金融界的广泛重视，被认为是国际项目融资发展趋势的一种新型结构。

BOT 是项目融资中的一种特殊方式，这种方式能在一定程度上解决政府基础设施建设的资金需求。同时，由于 BOT 项目融资责任全部转移到项目承包者，对政府没有有关项目债务、保险的要求，所以它是降低政府债务特别是外债责任的一种有效方式。但是，BOT 模式的前期工作十分复杂，成本高，涉及一个国家的财政、金融和法律制度，全面推广应用尚有一定困难。日前，国际金融界对 BOT 模式在公路基础设施项目融资中表现出的发展潜力给予了极大的关注。

7. 项目融资

项目融资是指以建设项目的名义在境内外筹措资金，并以项目自身预期收入和资产承担债务偿还责任的综合性融资方式，其资金来源主要是银行和证券市场。发生融资风险时，资金贷方只能追索项目本身的财产和收益，而不能涉及资金借方的财产权益。项目融资不是依赖项目发起人的信贷或所涉及的有形资产，参与方的收益在相当大的程度上依赖于项目本身的效益。因此投资者总是将其自身利益与项目的可行性以及对项目造成不利影响的潜在因素紧密联系起来。项目融资具有融资灵活、风险分散、审贷严格等特点。项目融资在我国开始的时间较短，目前还没有建立起完善的法规体系，特别是程序非常复杂，目前尚不具备大规模开展的条件。

8. 公路特许经营权

公路特许经营权转让是指国家先对公路进行投资建设，公路建成后将其经营权有偿转让给特许经营公司，国家分期或一次性收回投资，允许特许公司在一定期限内通过收取通行费和对沿线经营开发获取收益。特许公司是集一条路的筹资、建设、管理、经营、开发、还贷于一体的组织，一般要根据交通量及其年递增幅度、收费政策、价格调整等因素，对特许期内历年的收益、成本、还款付息、分红等经济指标进行系统分析，形成整体经营战略。

公路特许经营权转让具有以下特点：实施修建的公路由政府根据公路交通发展规划决定；通行费标准一般要由政府确定；一些国家对特许经营公司的经营利润作了最高限制；经营管理的整体性强，投资回收期较长。

由表4-3可知，由于收费公路融资渠道较广，除了政府财政投资外，还可根据市场经济运行规律，吸收国内外的建设资金，而非收费的低等级公路由于其建设目的主要体现在公益性方面，因此融资渠道十分有限，主要依靠政府投资，并辅以"以工代赈"等方式。各地区在进行公路建设时，应根据本地区的实际情况，对各种融资方式的难易程度、融资额度的大小，以及投资风险高低等多方面进行充分的论证分析，选择适合本地区的融资方式。

第五节 对市场准入的程度和范围研究

无论是市场主体的确认还是市场准入条件和方式的研究，其根本目的都是为了市场准入的程度范围的确认。这个问题在理论上，虽然可以比较明确地给出最优的规模，但是在现实中，理论上的假设条件很难成立，因此本部分主要结合中国收费公路的发展实践来分析。首先在分析目前关于市场准入程度和范围上存在的问题，在此基础上具体分析合理的市场准入手段，以达到最佳的市场准入程度和范围。

一、目前收费公路市场准入程度和范围中的主要问题

1. 收费站点设置不合理、收费标准偏高、收费期过短，加大了使用者负担，降低了道路使用效率

全国共有高等级公路收费站点4294个，其中高速公路收费站占21%，一级公路收费站占24%，二级公路收费站占45%，桥梁（隧道）和其他公路收费站占10%。基本每隔30km左右甚至更短就得停车交费，使本该畅通的公路被一段段割开，不仅影响了车辆的快速行驶，而且增加了使用者负担，降低了路网使用效益，成了影

响公路运输发展的极大障碍。

大部分收费站点期限核定在6~10年之间，明显短于30年的国际一般水平。由于收费期限偏短，普遍存在收费标准偏高问题，加大了使用者的负担，也造成了事实上低收入的当前使用者对较高收入的今后使用者的跨代补贴，在一些地区还存在道路间的转移支付。

缺乏统一的定价方法和明确统一的批准机构，收费标准尤其是二级公路收费标准不一，带有较大随意性，不仅引发了收费站和使用者的矛盾，而且大大提高了公路运输成本。

2. 收费公路运营成本高、债务负担重，潜伏着一定的财政和金融风险

目前全国4000多个高等级公路收费站点共有收费人员大约十几万左右，每年管理成本超过70亿元，非生产性开支占据较大比重，有些路段入不敷出，甚至存在收费养人现象。与此同时，收费公路建设和经营的各种税费多达128种，税费占公路造价70%以上的收费公路项目比较普遍。

高等级公路技术和质量要求高、投资大，现有多数收费公路是在利率处于历史最高水平的20世纪90年代依靠贷款建成的，利息负担十分沉重。截至2002年年底，收费公路贷款余额约5900亿元，贷款利息约500亿元，而同期收费额仅400多亿元，不足以支付贷款利息。随着收费公路规模的不断扩大和还贷期限的逐渐到来，还贷压力将越来越大。

由于收费权是获得银行贷款的重要条件，而银行贷款等构成的地方自筹"资本金"则是项目批准并获得中央资金补贴的条件，因此，在一些建设高等级收费公路条件不太成熟的地区，为了争取中央投资而大量贷款，而为了获得贷款又不得不引进"贷款修路、收费还贷"方式。在此背景下，公路收费权成为地方关注的焦点，而贷款偿还并没有被认真对待。由于车流量偏小，按时还贷可能性非常小，因此，一些收费公路从开始建设就潜伏着形成银行不良债权的危险，极有可能导致新的金融风险，并增加地方财政负担。

3. 发展和管理的不规范限制了收费公路的全面发展，对人员流动、物资流通和汽车产业发展造成了一定的不利影响，也影响了收费公路自身的声誉

我国经营性收费公路大约占30%，普遍效益较差，经营性收费公路还贷比例仅为44.5%，低于非经营性收费公路25%。一些地方政府片面强调应多搞"政府

还贷收费公路”,少搞或不搞“经营性收费公路”,使得社会资金进入高等级公路建设的渠道不畅,不利于公路基础设施建设的发展。

部分地区把原来的一般公路改为收费公路,有的地方违背国家有关规定,出现了边修建边收费的情况,个别地方甚至在修建收费公路后,人为地将平行免费公路毁损,强制车辆走收费公路,以增加收费公路收入。这不仅降低了道路通行效率,而且破坏了公共资源,加重了社会负担,损害了公众福利,也影响了收费公路的声誉。

近几年,我国平均每台机动车负担过桥过路费2500元,约占汽车变动使用成本的20%~25%,这在一定程度上抑制了轿车普及率的提高,也降低了公路运输在整个综合运输体系中的竞争力。

4. 从区域范围看,不平衡的状况比较严重,应区别对待

市场资金的商业属性,决定其投入方向具有很大的选择性,只有那些财务效益真正好、投资风险低的项目才能对他们具有吸引力。发达地区社会经济活动水平高、交通量大、投资收益大,获得投资的可能性就大;欠发达地区社会经济活动水平低、交通量少、投资收益小,获得投资的可能性就小。而欠发达地区越不修路就越不发达,越不发达车流量就越少,就越认为不能修路。

我国的东、中、西部地区经济发展的不平衡,以及地理位置和自然条件的巨大差别造成收费公路项目融资能力的较大差别。东部地区项目融资能力强,融资方式也相对丰富。中部其次,而西部地区情况正好相反,融资能力相对较弱,融资方式也较为单一。我国东、中、西部地区融资相应的比例为1.34:1.2:1。

中央财政投资向西部地区比例偏低且不稳定。西部地区属经济不发达地区,且多为老少边穷地区,本应是中央财政的重点支持地区,但现行按比例配套和定向、定额补助方法,实际上使得西部地区本来应该得到的中央投入难以得到。近年来国债投资虽然加大了对西部基础设施的投资力度,但仍不能适应西部地区公路建设发展的需要。拿“九五”来说,中央投资占西部公路建设投资的比例反而从“九五”前期的22%下降到了“九五”后期的12%。

区域经济落后、财力有限制约了对公路建设的投资,并诱发了高等级公路建设中的过度市场化。地方自筹是目前西部地区公路建设资金的首要来源,但由于西部地区经济实力弱、财政收入有限,不仅极大地制约了地方财政对公路建设的

投资，也致使公路建设过度市场化，不适合收费经营的项目发展成了收费项目，并出现超越当地使用者承受能力的收费，不仅不利于道路利用和地方经济发展，也造成了一定的金融风险隐患。

需求不足、效益不高限制了西部地区高等级公路的收费经营与市场化运作。西部地区由于地域广阔、自然条件差、基础薄弱，经济发展缓慢，致使公路建设成本高、投资大，交通量小、分布不均匀，公益性项目比例大、可收费经营项目数量少，投资收益低。西部地区交通量远远低于全国平均水平，但公路平均造价基本与中部持平，交通量不足东部的1/3，收费标准也低于东部地区1/3～1/2，极大地影响了民间投资的积极性，收费公路项目很难实现自我良性循环。

贷款比例高、还款压力大可能影响西部地区公路建设的稳步推进。银行贷款在西部地区公路建设投资中的比例，已经从"九五"前期的20%上升到了"九五"后期的40%，成为西部地区公路建设的第一大资金来源，致使西部贷款修路的比例明显高于全国平均水平。

二、改进收费公路市场准入程度和范围的思路

由于中国收费公路存在两种类型——还贷型和经营型，并且还贷型收费公路里程占了总体收费公路的近八成，因此收费公路市场准入的改进思路需首先明确还贷型收费公路的改进思路——"统贷统还"模式，然后论述通过建立特许经营制度规范市场准入的思路。

1. 还贷型的"统贷统还"的思路

各地区经济发展水平的不同和融资能力的差异等，决定了我国现有的"一路一公司"或"一路一单位"融资模式的不足。一些投资吸引力小的公路项目将不能筹得足够的建设资金，而那些经营效益差的收费公路也将面临严峻的还贷压力。所有这些问题的存在，使得各级交通主管部门不得不积极探索收费公路发展的新模式。

今后，我国可以政府还贷收费公路的"统贷统还"模式取代现有的"一路一单位"的贷款模式。实现省级范围内收费公路统筹管理、平衡还贷，即对省级范围内的收费公路，实行由省级交通主管部门统一规划建设、统一维修养护、统一筹集资金、统一经营管理和统一支付的机制。把省内的收费公路视为一个整体"实施规

模经营”,改变目前对各个收费公路单独进行筹资与偿还债务的做法,将公路收费收入、转让公路经营权的收入进行统一管理。显然,这种规模化的管理机制,有利于统一公路收费标准,有利于公路养护的专业化,有利于依靠高新技术来满足交通需求,提高服务水平。同时,便于省内收费站点的统一规划布设,从而大大减少收费站点的设置数量,提高整个路网的运行效率。

“统贷统还”按照政事分开的原则,组建国有性质的省或市级收费公路发展集团公司,对本省或本市范围内的政府还贷型收费公路实行统一规划建设、统一维修养护、统一筹集资金、统一经营管理和统一支付的制度。集团公司接受省或市公路主管部门的行业管理。建立全省或全市范围内的收费公路“发展基金”,将收费收入、转让经营权收入、发行股票或债券所得的收入等纳入其中,进行统一管理,在集团内实行统收统支的财务制度;通过兼并、重组等手段,实现省或市级范围内的收费公路统筹管理、平衡还贷,以形成优势互补、规模经营和滚动发展的良性循环局面。

事实上,“统贷统还”在我国部分省(市)的实践早已开始,并取得很好的效果。交通部在关于颁布《2001—2010年公路水路交通行业政策及产业发展序列目录》的通知中,提出了对收费还贷公路实行总量控制、统贷统还、统一管理、规范发展。而随着我国各地区间所建的高等级公路逐渐相连成网,为发挥高等级公路高效、节能、规模化、网络化的功能和效益,中国收费公路也将逐步朝“规模化”方向发展。

2.“统贷统还”的特征

“统贷统还”改变过去对各个收费公路单独进行筹资与偿还债务的做法,建立全省或全市收费公路发展集团公司,把本行政区域内的收费公路视为一个整体,实施规模经营,用收益好的线路的收入补偿收益较差、甚至还没有收益的线路,用发达地区的盈利项目补偿欠发达地区的不盈利项目,保证公司财务的综合平衡。具体说来具有如下特征。

(1)“统贷统还”统一收费标准和收费方式,而统一收费标准有利于创造一种更加公平、开放的竞争环境,有利于在不同公司和不同地区之间取得平衡。养护和维护系统也可采取专业化的运作方式。这种规模化的方式实际上已将高等级收费公路转化为一种高质量的公共性服务设施,在提高资源利用率和保护环境的前提下,依靠当代高新技术来满足交通需求,提高服务水平,并取得经济和技术上的效益。

(2)“统贷统还”从社会经济发展目标出发,对一个省或一个市的收费公路实行总体规划和总量控制;优先安排一些效益较差但公益性强的建设项目,为欠发达地区的社会经济发展创造良好的公路基础设施环境。

(3)“统贷统还”改变以往过分依赖信贷市场的状况,充分发挥现有各种融资方式的长处,并积极探索新的符合公路行业特点的融资方式,为收费公路发展提供更多的资金来源渠道,降低收费公路经营风险,实现收费公路的可持续发展。

(4)“统贷统还”对一个省或一个市内的收费站点进行统一规划布设,这对于同一条收费公路在经过不同行政区域因地方利益的驱动而出现的违规设站现象将起到极大的遏制作用,较大幅度地减少收费站点的设置数量,提高整个路网的运行效率。

(5)“统贷统还”对所有的收费公路实施收费,尽管某些收费公路已完成债务偿还,但仍继续收费,直到全省或全市的收费公路系统所有债务偿还完才结束收费。

(6)“统贷统还”有利于技术进步。有助于“一票通”、“一卡通”和不停车收费系统的应用,实施联网收费,实现收费系统的统一、高效、兼容、共享和可靠。

3. 建立特许经营制度、规范市场进入

在收费公路管理中,实行特许经营制度,是公路基础设施特性、公共性和在经营上的垄断性对经营管理的要求。也是政府利用社会资金和市场机制解决建设资金供给不足的重要途径。只有实行特许经营制度,才能保证收费公路建设、经营充满活力,也才能防止因经营利益驱动而出现的经营偏差,协调政府与个人的投资目标,保证国有资产的安全,维护公共利益,促进政府宏观目标的实现[48]。

(1)方式和内容。收费公路中的特许经营是指政府授权的投资者,建立特许经营公司,成为独立的经济法人,在一定时期内享有公路建设和经营管理的特许权。主要内容包括:经营机构名称和体系、经营职责与目的、经营范围与期限、经营权利与义务、资金来源与方式、经营机构合并分立与解散,以及特许经营应当享有的优惠扶植政策等。

特许经营包含两个意义范畴:对非国有的独资、控股经营机构和外资企业经营的收费公路,政府特许其经营“准入”,成立特许经营公司,属于特许经营范畴(BOT

是其中的一个特例,它包含建设特许);对于政府设立的收费公路特许经营机构,政府特许其建设、运营、管理的“准入”。两者的特许方式和管理内容不尽相同。

(2)组织形态。特许经营机构一般是具有经营职责的“准事业”机构,或具有经营职责但不以盈利为目的的“准企业”。前者类似于日本道路公团或美国一些州的收费公路管理委员会,也与我们建议的对普通等级收费还贷公路进行管理的,由公路局设置的有关机构类似;后者类似法国、意大利的特许公司,是国有独资或控股(非上市公司)的特许经营机构,其组织形式由专门法律、法规规定,内部机构由公司自主决定。特许经营公司的组织形态与一般的公司相类似。无论上述哪一类特许经营机构,其运营都采取企业化的方式,但由于其经营目的各不相同,在进行管理时也要依法区别对待。

(3)交通主管部门对特许经营的管理内容。特许经营机构以收费公路建设、运营为主业,其经营直接影响公路运营秩序和对社会的服务,因而应由交通主管部门为主体进行管理。其主要内容为:建立特许经营制度,制定《特许经营法》,为特许经营提供法律保障;政府依照法律与公路特许经营机构或公司签订合同,明确责、权、利,授权特许经营机构(公司)建立和独立经营收费公路,核定经营期满后,将该收费公路收归国家,停止收费;政府视项目情况可一次性或分期投入部分资金,用以支持、启动项目,其余资金由特许经营机构(公司)向银行贷款或市场融资,国家对特许经营机构(公司)债务予以一定担保。政府提供税收优惠政策保障,以支持公路建设;政府对授权管理的经营机构(省收费公路公司),按规定权限可以在经营业绩、财务收支、公司主要领导层人员等方面进行管理,具体的路政、收费、养护等日常行政管理由公路经营机构行使;对特许经营项目,则只在建设标准质量、经营期、收费标准收费站点设置等方面进行管理,不参与公司具体运营管理;政府确定收费标准并进行价格监督,并允许特许经营公司收取车辆通行费,用以维护正常的养护维修和管理活动、还本付息、股东分红、缴纳税金及投入新建高速公路。

(4)特许经营条款的主要内容。国外收费公路绝大多数是由政府通过特许经营立法授权设置的。参照国外经验,我国的特许经营条款应包括以下内容:项目特许公司或特许机构的设立;该实体的职责范围、主要目的和功能;收费期限的规定;该实体经营的地域范围;管理委员会的详细职责和运转细则;该实体的合法权力;特许公司发行债券及通行费收入的用途;特许公司设站收费及变更;经营管理要求(提交审计报告、年度经营报告等);项目建设基金的用途限制;该实体享受的减、免税规定;运营、养护和维修的义务;与本地区其他实体的关系;警察的权力、司法地点及仲裁权等。

第六节　对市场准入规制方案的效率分析

不同的市场准入,政府对其进行规制的程度、方式是不同的。就目前的主要规制方式而言,主要是采用两大类:一方面是考虑收费公路的公益性,政府会对收费公路运营公司采用对其成本进行一定的补偿,这方面通常采用多种优惠、直接进行转移支付或者政府直接承担公路的建设运营;另一方面考虑收费公路的垄断性,对于那些收益性较好的路段,政府往往限制其最高的收费定价。两种情况下的准入规制,对公司的效率影响是不同的,因此也就影响整个社会福利的大小。通常认为最高的限价下,可以促进公司努力减少成本,这可以大大提高公司的运营效率,称为高效率的规制手段;在成本补偿下,通常对公司减少成本的努力没有激励作用,对公司运营效率没有明显的刺激作用,称为低效率的规制手段。

这样看来,采用高效率规制手段似乎是准入规制改革的更好手段,事实上远非这样表面认为的容易选择,在不完全信息下,最高限价的确定等问题是造成这些手段难以简单定论的,因为还存在公司进入市场的认可度问题,这些手段的选择都是政府和公司最终博弈确定的结果。同样成本补偿问题,由于存在信息不对称等情况,也使得公司可能存在减少成本的努力,因此有必要对两种主要类型具体评价,由于对收费公路确认准入方式,是个一次性的过程,难于对不同方式在不同的准入方式下,进行效率的对比,因此对规制手段选择影响效率的评价,应选择理论分析。

一、社会最佳分配特征分析

拉丰和泰若尔曾经针对电信放开规制问题进行过相关探讨,本书借鉴他们的研究成果,针对收费公路进行分析。

假设一项收费公路工程的价值是 S,包括其社会价值。

准入公司的成本改进函数是:

$$c = \alpha - \beta \tag{4-1}$$

其中,α 是标志不同准入规制方式的效率参数(属于成本函数中的外在因素);$\beta \geqslant 0$ 表示公司确认进入后,所做的降低成本的努力,理性的进入者都会促使自己的成本尽可能的低。

政府对公司进行成本考察以确定补偿金额时,对 α 和 β 很难进行确切的考察,因此我们假设政府对这两部分成本进行补偿,再考虑对公司的净转移支付为 t,这样政府的总支出为 $t+c$。

公司承担自己成本,假设公司的自有成本或无效努力为 $\psi(\beta)$,公司的效用函数为:

$$U = t - \psi(\beta) \tag{4-2}$$

当公司没有被准入市场时,称它预留了效用,公司的效用也可以称为租金。公司参与项目的约束为:

$$U \geqslant 0 \tag{4-3}$$

政府的规制目标假设为社会福利函数最大化,但是对发达国家的研究表明,仍存在与税收失真相关的公共基金的影子成本,即向公司转移支付 1 元,将向纳税人征税$(1+\lambda)$元,其中 λ 为公共基金影子成本。这样项目完成后,社会福利函数为:

$$W = S - (1+\lambda)(t+c) + U = S - (1+\lambda)[c+\psi(\beta)] - \lambda U \tag{4-4}$$

也就是说,社会福利等于从项目中得到的总价值 S,减去项目总的货币、非货币成本 $c+\psi(\beta)$与 1 加公共基金影子成本的积,再减去公共基金的影子成本与公司租金的积。这个社会福利函数还表明留给公司的租金是社会支付的。

因此,社会最佳的分配方案是:其一,去除租金,$U=0$ 或 $t=\psi(\beta)$;其二是努力的边际成本与边际成本的节约相等,$\min\limits_{\beta}[\alpha-\beta+\psi(\beta)]$或 $\psi'(\beta^*)=1$。

假设公司事先知道政府的准入规制手段,自己选择进入与否,这也是现实的情况。

二、完全信息条件下的分析

为了更好地理解现实中的情况,首先分析在完美信息情况下的情况。假设政府完全了解公司中参数 α 表示的技术信息,这样政府可以轻易地采用一个最高限价的规制手段而获得最佳的分配效果：

$$t(c)=p-c$$

对节约的成本提出剩余要求的准入公司，此时选择社会最佳分配状态下的努力程度 β^*，因为它能使得 $c+\psi(\beta)$ 最小化。为了提取租金，政府此时能够选择能使公司同意完成项目的最低水平的固定价格 p，它等于项目的总成本（货币和非货币成本）：

$$p=\alpha-\beta^*+\psi(\beta^*)$$

三、信息不对称下的分析

但通常情况下，政府并不能充分了解公司的信息，因此可能不能选择合适的最高限价。在信息不对称下，假设公司了解自己的参数 α，但是政府对此参数只有一个贝叶斯先验估计：在区间 $[\underline{\alpha},\overline{\alpha}]$ 内的累积分布为 $F(\alpha)$，密度为 $f(\alpha)$。出于技术方面的原因，假设风险的分布率 f/F 是弱递减的（做这样的一个大多时常用分布都能符合的假设是为了保证二阶条件得到满足）。对一个给定的激励方案 $t(c)$，最后的分配 $\{\beta(\alpha),c(\alpha)=\alpha-\beta(\alpha),U(\alpha)=t[c(\alpha)]-\Psi[\alpha-c(\alpha)]\}$ 要依 α 而定。

假设项目很有价值，政府试图完成它，现在政府要使社会福利最大化的期望值是 $E[W(\alpha)]$。现在它面临如下两个约束条件。

(1)
$$U(\alpha)\geqslant 0 \tag{4-5}$$
对所有的 α 而言。

(2)满足激励相容性条件

面对一个规制手段 $t(c)$，公司选择 α，或者等价于 $c=\alpha-\beta$，从而求解：

$$U(\alpha)=\max_c[t(c)-\Psi(\alpha-c)] \tag{4-6}$$

由包络定理可得：

$$\frac{\mathrm{d}U}{\mathrm{d}\alpha}=-\Psi'[\beta(\alpha)] \tag{4-7}$$

上式表明，公司的租金随着其效率的提高而增加。这个结果也表明了可将较差型 $\overline{\alpha}$ 归结为：

$$U(\overline{\alpha})\geqslant 0 \tag{4-5'}$$

式(4-7)表明了激励和提取租金之间的此消彼长。对特征 α 的更高效率激励手段，也就是更高的 $\beta(\alpha)$，将增加租金曲线的斜率，从而提升了参数低于 α 的所有类型的租金，如图 4-1 所示。

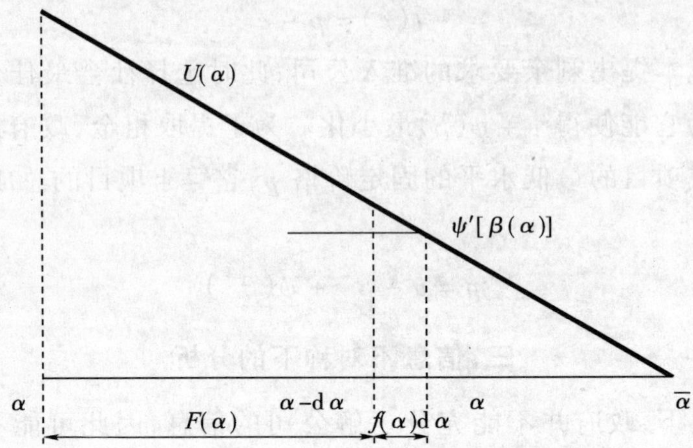

图 4-1 租金与效率示意图

此时政府需要解：

$$\max_{\{\beta(\cdot),U(\cdot)\}} E[W(\alpha)] = \int_{\underline{\alpha}}^{\bar{\alpha}} [S-(1+\lambda)]\{C(\alpha)+\Psi[\beta(\alpha)]\} - \lambda U(\alpha) f(\alpha)\mathrm{d}\alpha$$

这样对所有的 α 而言，对努力的一阶条件为：

$$\Psi'[\beta(\alpha)] = 1 - \frac{\lambda}{1+\lambda}\frac{F(\alpha)}{f(\alpha)}\Psi''[\beta(\alpha)] \tag{4-8}$$

得出一个 $\beta(\underline{\alpha}) = \alpha^*$ 的递减函数 $\beta(\alpha)$。

式(4-8)可以直观的做如下推导：假设采用成本补偿原则 $t(c)$引起$[\alpha-\mathrm{d}\alpha,\alpha]$中的类型将其努力程度 $\beta(\alpha)$提高一个单位数量。这种类型的总成本，数量为 $f(\alpha)\mathrm{d}\alpha$，将降低 $1-\Psi'[\beta(\alpha)]$，以 1 加公共基金的影子成本来加权。但类型 $\alpha-\mathrm{d}\alpha$ 的租金由 $\Psi''[\beta(\alpha)]\mathrm{d}\alpha$ 提高，并且假设其他条件均保持不变，在$[\alpha,\alpha-\mathrm{d}\alpha]$中的所有类型的租金有所提高，数量为 $F(\alpha)$。最理想的状态是，这些激励与租金的提高效果必须正好抵消，因此得：

$$(1+\lambda)\{1-\Psi'[\beta(\alpha)]\}f(\alpha)\mathrm{d}\alpha = \lambda F(\alpha)\psi''[\beta(\alpha)]\mathrm{d}\alpha$$

四、对成本补偿的分析

在实际工作中，政府规制者提供一种成本补偿原则(CRR)$t(c)$，由于 $c(\alpha)=\alpha-\beta(\alpha)$，并由方程(4-2)、(4-5′)、(4-7)可得：

$$t(\alpha) = \Psi[\beta(\alpha)] + U(\alpha) = \Psi[\beta(\alpha)] + \int_{\beta}^{\bar{\beta}} \Psi'[\beta(x)]\mathrm{d}x$$

替换上述两个方程中的 α,可以得到希望的(CRR)$t(c)$。直接计算表明 CRR 是递减并且是凹的:$t'<0$ 且 $t''>0$。递减这一点也符合直接的感觉。

接着说明为什么是凹的,如图 4-2 所示,凹函数的关键特性是它们是其切线的包络。这表明政府与其提供 CRR$t(c)$,不如提供相对于(CRR)的切线定义的线性规制激励手段:$t=A(b)-bc$,其中 A 是公司选择其激励方案的斜率 b 的递增函数。面对技术性的 α,公司选择一线性规制激励方案,其斜率为:

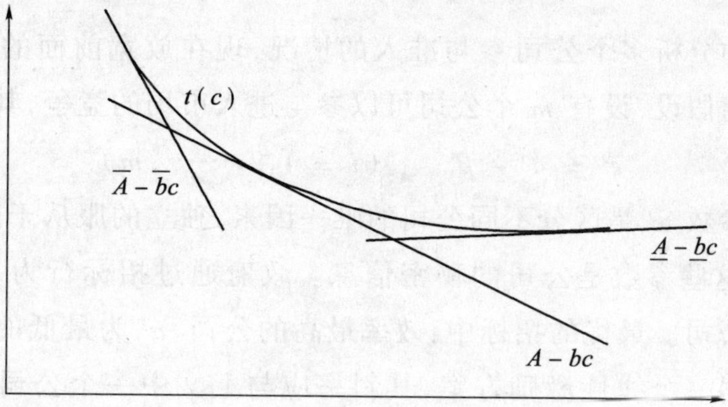

图 4-2　规制手段与公司效率示意图

$$b(\alpha) = \Psi'[\beta(\alpha)] \tag{4-9}$$

式中 $\beta(\alpha)$ 由方程(4-8)给出。

当公司效率提高时,它愿意承担其成本的更多部分 b。事实上,从方程(4-8)和方程(4-9)可以看出,最高效率类型 $\underline{\alpha}$ 选择一个固定价格规制手段($b=1$)。但在一般情况下,效率手段牵扯一些应由公司和政府分摊的成本($b<1$),这些分摊成本是高昂的,因为它降低了公司控制成本的动力,限制了效率类型的租金。

对成本补偿原则 CRR 凹性的判断来自于线性激励手段,更高效率类型希望承担其成本的更多部分,它们知道成本较低。即自我选择给出的信息是,当成本低的时候,激励方案的斜率较大。当然更高效率类型也将需要更大的努力去降低其成本的事实表明,内在的成本差异(差别在 α)是复合型的。

除了在实际应用中的吸引力外,线性激励方案也具有优势,即它引入未来成本的不确定性所作的分析具有说服力。假设:$c=\alpha-\beta+\varepsilon$,式中 ε 为均值 0,独立于 β 的随机变量。一方面,噪声 ε 的存在不会影响公司在各线性方案中的选择,因此社会福利也不会受噪声的影响。另一方面,噪声不会创造任何价值,并可能通过搅乱提供给政府的有用信息而降低福利。因而当存在噪声时，线性方案仍为最佳。

五、对多个公司参与投标的分析

为了更好的分析多个公司参与准入的情况，现在放宽前面的假设，只有一个垄断性的供应商假设，设有 m 个公司可以参与进入市场的竞争，其成本函数为：

$$c^{i} = \alpha^{i} - \beta^{i} \qquad (i = 1,2,\cdots\cdots,m)$$

此时效率参数 α^{i} 是区分不同公司的唯一因素，独立的服从于同一分布 $F(\cdot)$，密度为 $f(\cdot)$。这些参数是公司的秘密信息。政府通过招标行为，以便从 m 个公司中选出准入公司。最优的招标中：效率最高的公司，α^{i} 为最低的公司将被选中；提供给中标公司一个线性激励方案，其斜率应与上文中一个公司的情况一样，相对于垄断的情况，其固定费用反而减少了。这与对不同行业的分析基本一致。

下面对上述作一解释，不失一般性，假设效率最高的公司为公司 1，效率第二高的公司为 2，依次类推。公司 1 中标表明 α^{1} 在区间 $[\underline{\alpha},\alpha^{2}]$ 内，相反在没有竞争的市场中，中标不产生任何信息，因此政府只知道 α^{1} 在区间 $[\underline{\alpha},\overline{\alpha}]$，因而竞标的结果是降低了中标者和政府之间的信息不对称，这个效果就是固定费用减少了。但是并不影响其斜率，也就是说，给中标公司的成本补偿方案 CRR 的斜率只依赖于它的成本函数，而不依赖公司赢得竞标的信息。这一点可以这样理解，根据方程(4-8)和方程(4-9)，激励方案的斜率完全由分布风险率决定。但是风险率在分布的切线上升段是不变的：

$$\frac{f(\alpha)/F(\alpha^{2})}{F(\alpha)/F(\alpha^{2})} = \frac{f(\alpha)}{F(\alpha)}$$

因此无论是否竞争，$b(\alpha^{1})$ 都是相同的。

进一步来说，对于特定的 α^{1}，当中标者的激励方案的效率独立于竞争的存在与否时，中标者的效率依赖于参与公司的数量。当独立服从同一分布的时候，中标者类型的一阶统计将随着公司数量而改进（中标者的累积分布为 $1-[1-F(\alpha^{1})]^{m}$），因此中标者的激励方案在更激烈的竞争市场中将更具有效率。

六、对不同区域公司的对比分析

假设有两个区域，$i=1,2$，每个区域都有各自的公共物品供应商。供应商 i 的成本是函数为：$c^i = \alpha - \beta^i$。此函数暗含假设两个公司使用相同的技术 α，i 区域的政府给它的供应商提供一个最高限价的方案：

$$t^i(c^i) = \alpha - (c^i - c^j)$$

其中 $\alpha = \Psi(\beta^*)$。

反映的是，供应商的回报是其相对业绩，而非绝对业绩所决定。则供应商成其成本节约的剩余索取者，并选择社会最佳努力 $e^i = e^*$。假设政府 j 也向供应商 j 提供最高限价方案（供应商 j 也表现得尽可能好），此时两个供应商的业绩是一样的，同时政府 j 选择的固定费用确信能使得供应商 i 同意不获得任何租金。这样，参考标准的存在就允许政府像知道充分信息时那样行事，即使它实际上并不知道公司的有关技术信息。

七、对公司承担多个项目的分析

进一步放宽假设，考虑公司承担 n 个项目，$k = 1, \cdots\cdots, n$，每个项目获得社会价值 S，公司在 k 个项目上的部分成本为：$c_k = \alpha_k - \beta_k$，这一成本取决于只有公司知道的，且与特定项目相关的技术参数 α_k 和公司降低部分成本 c_k 的努力 β_k。公司选择的总努力成本 $\beta \equiv \sum_k \beta_k$ 中包含无效努力 $\Psi(\alpha)$，以及它用于（分配于）各个项目的努力。以 $c \equiv \sum_k c_k$ 表示总的成本，以及 $\alpha \equiv \sum_k \alpha_k$。

如前所述，以 λ、t、U 分别表示公共基金的影子成本、对公司的净转让和公司的租金。福利为：

$$W = nS + (1 + \lambda)(t + c) - U$$

显然，涉及部分成本 c_k 的净转移支付 $t(c_1, c_2, \cdots\cdots, c)$ 的变化趋势对所有的 k 而言必然是相同的。否则公司将重新努力分配其努力，即将其努力从低的 $|\partial t/\partial c_k|$ 转移到那些 $|\partial t/\partial c_k|$ 高的项目上。换句话说，转移支付将只依赖于总成本，而不依赖于部分成本。更普遍的情况是公司的租金相当于：

$$\max_{\{c_1, c_2, \cdots, c_n\}} \{t(c_1, c_2, \cdots\cdots, c_n) - \Psi(\alpha - \sum_k c_k)\}$$

可以看出，租金只依赖于 α，$\mathrm{d}U/\mathrm{d}\alpha = -\Psi'(\alpha - c)$ 只依赖于总成本 c，而且对一给定的成本，公司以如下方式分配其努力：$\frac{\partial t}{\partial c_1} = \cdots = \frac{\partial t}{\partial c_n}$。就是说，激励必须具有一致性，对基于 α 的分布可以从 α_i 的分布中推导出来，其他的分析与单个项目相同。

八、模型分析的涵义

(1)如果政府掌握公司的完全信息时,即如果没有逆向选择的问题,则政府对公司的规制方案设计很简单,就是一个最高限价方案,就可以达到对公司的充分激励。公司将努力降低成本,从而间接地降低整个社会的成本。由于政府对信息的充分了解,不必担心是否支付了过高的价格,政府可以选择一个公司可以接受的最低价格,这个价格甚至是处于垄断地位的公司只能按照完全竞争条件下收费。

(2)如果政府缺乏公司的技术成本信息,就需要权衡是给予企业高激励规制手段还是控制其潜在寻租。模型的分析可见,在最高限价方案中,无论公司是内在努力还是外在因素导致了成本降低了 n 个单位,政府还是需要按照实现的合同支付给公司优惠。也就是说公司对其控制以外的成本因素仍有剩余索取权,这一事实导致潜在的寻租。在成本补偿方案中,虽然对公司降低成本激励有限,但是可以更有效地获得公司的潜在寻租信息。此时如果外在因素促使公司成本降低,公司并不能收益,而是由政府减少补偿获得。因此,在不完全信息的逆向选择下,在高效率激励方案和低效率成本补偿方案两者之间有一个基本的权衡问题,这是本书对效率高低的不同见解。

(3)政府提供多种规制方案供公司选择,可能会产生对公司最佳的甄选。模型分析中指出,由于公司会掩盖其低成本的事实,因为消除公司的寻租空间几乎是不可能的。政府采用可以采用一个包括两中规制手段的清单,由公司自已选择,前提是最高限价方案设计成对低成本公司而言,刚好收支平衡(即并不试图寻租)。这样在公司成本高的情况下,因为最高限价方案只能造成亏损,因此公司宁愿选择成本补偿方案。同时由于低成本公司在补偿了成本后,并没有收益,因此不会选择成本补偿方案。这样的结果使得成本低的公司采用最高限价政策,成本高的公司采用成本补偿方案,既可以让成本高的公司参与,又可以制止成本低的公司寻租。当然其缺陷是成本高的公司没有降低成本的动力,这里不作讨论。

(4)市场竞争和良好的相对业绩评估可使高效率的激励方案得以实施。公司和政府的信息不对称,和与此相伴的对把公司的租金控制在合理范围内的关注引发了低效率的政策。竞争和相对业绩评估可以促使信息不对称的降低。例如,分析表明在招标的竞争中，为了获得收费公路的市场，公司不能过分地夸大成本，从而可以降低不对称。模型的分析表明市场竞争将推动中标者的激励体制向最高限价方案发展。

相对业绩评估，是指把公司的业绩与其他状态相似的公司的业绩进行比较。只要不同地区的技术相似，规制者可以通过与其他公司的业绩比较收集被规制者的信息，可以减少信息不对称，使得激励政策成为可能。

(5)模型以外的考虑。

①质量问题。高效率激励政策的一个明显缺陷是保证质量对公司而言是成本高昂的，相反低效方案下，公司对成本业绩的不负责任，保证质量的代价很低廉。高效的激励方案和严格的质量监督存在互补性，如果规制者无法确定标准或难以监督标准的执行情况，那么低效的激励方案是可行的。

②规制俘虏。任何一个行业的规制行为都存在规制俘虏问题，这里我们只考虑收费公路的情况，模型分析高效率激励方案和高租金联系在一起，因此被规制公司有更大的投机性。在高效率激励政策下，如果被规制公司俘虏了规制者将得到巨额租金。通常降低规制谈判的权限，通过提供奖励使规制者也承担责任，对共谋进行监管，减少规制者和委托人之间的信息不对称，这都可以较好地解决这个问题。

第七节 本章小结

本章是对收费公路的市场准入问题的研究，主要的结论如下。

(1)分析了国外发达国家市场准入的经验，得出了特许经营、债券融资、完善配套、政府作用、注重风险等有益的启示，同时也应注意防止“一刀切”和规模效应的发挥。

(2)总结了中国收费公路发展的三个阶段，论述了收费公路制度变迁的三阶段逻辑。

(3)收费公路的供给有三种类型，政府也是市场准入的主体，政府的准入存在不同的优、劣势。

(4)明确了中国收费公路市场准入主体资格的条件、审批程序和动态管理。

(5)比较分析市场准入的九种方式：政府财政投资、银行贷款、外商投资、公路建设债券、股票、BOT 融资、项目融资、公路经营权转让、以工代赈。

(6)提出了中国收费公路市场准入程度和范围方面存在诸多现实问题,并提出了"统贷统还"的还贷型公路思路和"特许经营"的经营型公路思路。

(7)对收费公路准入方案进行了效率分析,得出了高效和低效方案区分的相对性和政府解决困难实施的措施。

第五章 收费公路规制的分析

简单地讲，收费公路的研究，就是要回答为什么收费、依据什么收费、谁来收、如何收和收多少的问题。政府规制核心集中在两个方面：一是准入；二是收费。为什么收费和依据什么收费的问题，在前文中已经从基本的理论上进行了解释，在第四章也已经对谁来收的问题（也就是准入问题）进行了专门的剖析，本章就将对如何收和收多少的问题进行专门的研究。

针对公路建设资金极端匮乏的情况，国务院于1984年在办公会议上首次确定了"贷款修路，收费还贷"的方针。公路收费政策无疑为公路建设的发展起到了巨大的推动作用。但是，在收费公路大量出现的同时，公路收费价格存在的诸多问题随之出现。人们疑惑，政府为什么不管，是怎么管的？公路企业疑惑，政府凭什么"干涉"公路企业的自主经营，为什么其他路段高定价影响了我的经营而政府却"不管"？政府部门也有疑惑，既然企业经营收费公路，我们根据什么管、管什么、怎么管，管了以后引起矛盾怎么办？这里面除了市场主体之间的关系外，还存在着收费公路网络性特征特有的单段收费和整个路网收费的关系。

为了很好地解释上述问题，本章按照如下的逻辑展开：在概念上辨析单段公路和整个路网收费问题；从理论上进一步分析竞争和规制之间的关系并具体总结我国的收费公路规制体制，探究国外收费公路在收费规制问题上的经验和我国政府规制体制的变革过程；从理论上详尽地解析收费公路收费的问题（如何收和收多少的问题）。

第一节　公路收费和路网收费之分

一、公路收费

公路收费是指公路使用权的拥有者，向公路使用者收取的使用费。它是公路使用者因使用公路而对拥有者所提供的价格补偿。进一步讲，公路收费是公路使用者因使用公路这种特殊商品所支付的费用。一般的，公路收费是指发生在某一条公路上的收费行为，它与路网收费有严格的区别。

随着中国收费公路的发展，公路使用者对原来分散在某一地区内部，相互独立的多条公路分别收费的模式已提出了新的要求。原来不同投资者在不同时空上建立的收费公路采用不同的费率和独立的收费方式，已无法满足现代形势下车辆运行或公路使用者的要求。适应新的要求，现在部分公路特别是高速公路已经将独立收费的状况进行了改进，同一地区内、省内或国内原各独立收费公路相互连接，组成新的、统一的路网收费。联网后一方面能简化收费手续，减少收费站口和收费人员，从而降低道路经营者的收费成本；另一方面也会减少延误、节约时间、降低道路使用者和车辆运行的成本。

公路收费基本可以看作是单条公路的收费，在对它研究中，有些理论从深度、广度甚至操作性上都有突破，个别领域也有一些一致的看法。这些看法的代表性学者有尹良龙、周国光等。本书的研究是在对单条收费的基本原理上进行的，但是和单条的收费有严格的区别。

二、路网收费

1. 路网收费概念

路网收费是指对数条原本独立收费的单条公路所组成的新收费公路的收费行为。组成路网是由于经济和交通运输等多方需要而形成的，路网收费是指路网使用权的拥有者（政府、投资者或承包人），向路网使用者收取的使用费；或者是路网的使用者因使用路网而产生收益时，所支付的使用成本费用；还可理解为因使用路网而对其使用权拥有者提供的一种补偿。如陕西境内的西临、西宝和西三线是三条独立的收费公路，为适应交通运输的需求，通过西安绕城高速公路而将其连结形成一个新的收费网络。其目的是减少收费环节，增加运输效益，适应现代形势下交通运输的新需求[49]。

2. 路网收费类型

按照收费目的将路网收费分为如下四种类型。

(1)路网拥挤收费，指路网收费的目的是未来控制行驶在路网上的车辆数，而进行的收费行为。即收费是为了减少路网上的车辆拥挤，简称为拥挤收费。它指的是，路网收费是为控制交通量，减少拥挤，提高现有公路网的使用效益，利用边际效益与边际成本相等的原理进行收费的。从时间上讲，这种收费可能是一种长期而间断性收费。

(2)路网还贷收费，指路网收费是为了偿还修建路网贷款的本息。这种收费是由于路网的建设资金来自于社会、个人、集团甚至于国外贷款，收费是为了偿还贷款本息，在政策规定的时限内还清贷款即停止收费。这种路网收费，从某种意义而言，是一种偿还建设投资的短期收费。

(3)路网经营性收费，是一些以赢利为目的的企业，建设的经营性收费公路网的收费行为，是在国家政策特许的条件下进行的投资，收费目的是为了投资额的保值、增值和盈利。经营性收费最重要的特点是经营性公司所经营的路网，只能在特许期限内收费经营，特许期终了，路网的经营权应交给国家，国家可继续收费或不再收费。所以这种收费必然受到，在经营期内收回全部投资并实现预期投资回报的约束。从时间上讲，这种收费可能是一种长期收费。

(4)混合收费，指路网收费中，各条独立道路收费目的是不同的，可能是单条公路收费的目的是拥挤收费、还贷收费或者是经营性收费。或者讲混合收费表面上看是一种收费，但整个路网中各条道路是为了不同的目的进行的收费。

第二节　中国收费公路的规制与竞争

一、中国收费公路的改革目标

收费公路的规制与竞争关系到国家、公路运营商、消费者等三方的利益，而各方的利益又不总是一致的。在这场国家、公路运营商和消费者都参与的利益博弈中，均衡到底在哪里？是像西方发达国家中“消费者至上”那样把消费者利益放在第一位？还是考虑我国是一个发展中国家，公路事业有待继续发展，从而把公路运营商利益放在第一位？实际上这是一场正和博弈，存在“多赢”的结果，关键在于改革过程中的机制设计和执行。具体来说，首先必须确定中国收费公路改革的目标；确立目标之后，还需确立收费公路发展的市场结构；然后才能分析中国收费公路的规制和竞争环境和规制目标，以及具体得出中国收费公路市场结构的特点，这些既是中国收费公路发展的内容之一，也是确保其顺利发展的制度保障。

政府对网络产业进行干预的目标主要有三个：第一，在不让企业得到过多租金的情况下，尽可能地促进生产效率的提高；第二，为消费者提供一系列满意的服务；第三，在不同的消费者或地区之间进行再分配。这三个目标其实就是实现社会福利最大化，因为对任何国家来说，经济发展的最终目的就是提高所有国民的福利水平。

在对我国的收费公路进行合理的规制设计时，必须认清改革的最终目标，那就是社会福利最大化。同时，必须清楚的是，政府对网络产业进行干预的三个目标不可能同时满足，这主要是因为政府和被规制企业之间存在不对称信息和政府规制机构容易被产业部门“俘虏”等原因。因此，这意味着在不同的情况下，政府必须在这三个目标之间进行衡量取舍。从我国的情况看，把改善公众福利作为中国收费公路规制设计的最终目标，是指把它作为改革进程的最高指导原则，在宏观控制上加以把握，而选择任何规制政策的原则就是看是否符合这样的目标。同时，这个目标也是一个随着我国经济发展水平的提高和收费公路的发展而动态变化的，政府的把握和控制的重点也不是一成不变的，应该随着情况和环境的改变而调整。

在国内关于收费公路规制设计和实践中，有些观点认为，规制设计的目标是尽量实现公路建设和运营的有效竞争或者建立竞争性的公路产业。显然这种观点混淆了目标和手段，因为形成有效竞争不过是达到收费公路改革目标的手段。竞争会促进降低成本，加快技术革新，降低加工和促进资源优化配置，显然竞争只是有助于实现社会福利最大化的目标。也有的观点认为，规制改革是为了促进消费者的利益，也就是消费者保护主义，这种观点实际上是西方发达社会普遍接受的理念。在发达国家由于公路普及较高，收费公路所占比重相对较少，而车辆的普及率高，因此消费者的概念与公众的概念是基本一致的。在我国一方面公路量相对于需求而言还是较少，另一方面车辆的保有量还是较低，所以即使是消费者利益也不过是少数人的利益。因此，只能将福利最大化作为中国收费公路规制改革的最终目标[50]。

在确定中国收费公路改革的总体目标后，就需要从我国目前的实际情况出发来确定具体的改革目标，以使总体目标具体化和阶段化，具有可操作性。从目前我国的国情来看，中国收费公路的整体发展水平还不高，而且面临着很多问题，这主要表现在以下四个方面：

(1)中国收费公路虽然规模较大，但是等级差别较大，整体路况水平还有待提升；

(2)传统体制的影响，收费公路运营单位还存在许多自身的问题，如建立现代企业制度，收费和设置站(点)的管理等；

(3)多年来在位收费单位的优势明显，培养一个有效竞争的市场和反垄断的任务也很艰巨；

(4)收费公路的无序竞争和地方割据状况还比较明显，需要加强这方面的规制。

因此，考虑到以上原因，目前中国收费公路规制改革的目标应该是在着眼于公路发展的同时，兼顾消费者的利益和公路网络的规模性，并随着不断的发展关注的重点逐渐向消费者权益转变。

二、中国收费公路的市场结构

中国的收费公路由于存在两种类型，根据目前的公路建设体制和收费公路的发展情况，市场上主要存在着三个层面的收费公路运营机构[51]。

1. 政府直接管理模式——公路局专门机构

政府直接管理模式，是目前我国普通等级收费公路的主要管理模式，一般由省交通厅直接委派所属公路局进行直接管理。其优点是，现有体制机构基本具备，陕西、河南等省已有相对成熟的经验，操作相对简单，不存在大的政策障碍，而且比较适合转型期的管理体制要求。缺点是，政府直接管理的“企业”由于缺乏有效的监督机制和激励机制，其管理效率普遍低于集团或私人管理的收费公路，但是随着普通等级收费公路的规模逐渐减少，政府直接管理模式也随同消失。改革的难点是，由于地方局部利益受到“损害”，地方政府将对此改革有所抵触。

2．收费公路机构管理模式——地方收费公路集团公司

收费公路机构管理模式，目前主要是应用于高速公路的还贷型收费公路，一般由省交通厅组建收费公路管理的特许机构，如某某省高速公路发展公司等。该模式的优点是，现有公路体制“一厅、一局、一公司”改革思路与此相同，管理模式已基本得到各地交通主管部门认同，符合“政企分开”的基本原则。缺点是，与普通等级收费公路及公路局之间，由于存在“利益冲突”，所以两者之间的关系不宜协调。改革的难点是机构与省交通厅之间的责、权、利的划分和认定。

3．特许经营公司管理模式——一路一公司

特许经营公司管理模式，是以私人投资为主的、以盈利为目的的经营型管理模式，主要覆盖高速和一级公路，是中国收费公路长期发展的一种重要的补充，一般需要与政府签订特许经营协议后，才可以进行收费经营。优点：引入私人资本和私人管理经验，引入竞争，有利于收费公路整体的管理水平提高、管理成本下降，防止由一家经营带来的市场垄断。缺点：私人投资目标与政府目标不易协调，管理分散。改革难点：关于收费公路的特许经营法律和法规严重不足，导致政府缺乏有效的管理手段。

三、中国收费公路的市场结构应当以实现有效竞争为目标

在关于中国收费公路规制改革的争论中，比较一致的意见是收费公路市场应该引入竞争。但是对于引入什么样的竞争、什么程度的竞争，各方意见分歧还比较大，主要有如下几种。

(1)部分竞争论：收费公路的竞争只能在可以开展竞争的部分进行，当然这个路段由规制机构根据一定的规则制定。

(2)由于收费公路的规模经济性，最好由1家或2~3家经营。

(3)有限竞争论：收费公路的规模经济要求只能是一定数目的企业进行竞争，不能放开竞争。

(4)全面竞争论：企业数目没有限制，大小一起展开全面竞争。

本书认为，由于收费公路本身存在的网络经济性和规模经济性，加上目前一路一公司现象的普遍存在，收费公路只能实行有效竞争，并以实现有效竞争来建

立和培育中国收费公路的市场结构。

有效竞争是克拉克在1940年提出的,是指一种把规模经济和竞争活力相互协调和兼容的理想竞争状态。这是对"马歇尔困境"的一种有效解决探索,虽然关于有效竞争到目前都没有一个客观有效的衡量标准,但这个概念的提出,使人们对于规模经济和竞争的关系有了新的理解,特别是有助于理解为什么在跨入20世纪后,随着收费公路技术进步、资本积累和需求的拉动,公路建设运营出现了政府垄断—各自为战—注重网络性的过程。收费公路的垄断和各自为政的竞争已使消费者有目共睹,叫苦不堪,从无路可跑到有路难跑,究竟竞争和垄断的均衡在哪里？对此只要把上述四种竞争加以分析,就能得出如下答案。

(1)部分竞争和寡头竞争强调的是收费公路的自然垄断性,必须垄断经营,才能保证规模经济。但是随着经济发展和技术进步,部分公路的发展已经完全可以放开竞争,加之其他运输方式的迅猛发展,其垄断性已经逐渐脆弱了,只要竞争的收益大于竞争成本,还是可以开展竞争的。

(2)有限竞争和有效竞争一样,也从规模经济的效益出发,但是它的提法有误导,不合乎垄断行业改革的趋势。

(3)全面竞争认为收费公路的方方面面都可以展开全面竞争,显然,全面竞争没有考虑公路的网络经济性和规模经济性,只会导致一种低水平的竞争。而有效竞争则是既考虑规模性要求,又能满足中国收费公路竞争取向的要求,是一种竞争收益大于竞争成本的适度竞争。有效竞争和其他竞争的关系,可以理解为它是一个动态的理想状态,在追求有效竞争的过程中,得到的结果很可能不是有效竞争,而是其他几种中的一种,这取决于市场主体行为、规制结构、制度和市场环境等诸多因素的相互作用[52]。

有了目前的市场结构现状、规制竞争的目标设定及评价标准,就可以对收费公路的三种市场结构进行评估,具体结果如表5-1所示。

收费公路市场三种模式的具体评价　　　　**表5-1**

评　估	政府管理机构	收费公路机构	特许经营公司
具体执行机构	公路局	收费公路集团公司	某股份公司等
执行国家收费公路总体规划	很好	好	好
最低建设成本	一般	好	很好

续上表

评　估	政府管理机构	收费公路机构	特许经营公司
融资情况	容易	容易	一般
运营效率	一般	好	很好
履行养护责任	好	好	一般
政府的管理监督	很容易	容易	容易
财务和社会效益平衡	很好	较好	一般
考虑环境和安全因素	很好	好	一般
实施项目交通安全、路政管理	很好	很好	好
对未来需求的灵活性	好	很好	一般
适应国家的总体发展战略	很好	很好	很好
适应的收费公路类型	政府投资的普通等级收费公路	政府投资的收费高速公路	私人投资的收费公路

第三节　收费公路的政府规制研究内容

收费公路的规制有其特殊的内容，要搞清政府规制收费公路的机制，首先需要解析出中国收费公路在垄断性、外部性方面独有的问题和特征，从而提出中国收费公路规制的内容。

一、中国收费公路发展的阶段特点

1. 初期阶段，收费路段的独立性与经营管理者之间的互利性

在初期阶段，收费公路布局有两个明显的特点：

(1)各收费路段位于交通需求很大的经济中心区域，国民经济与财务效益都很好；

(2)各收费路段处于不同的路网，不在同一条公路上，收费路段之间分离较远，彼此之间的相互关联性弱，可替代性差，在同一行程起、终点之间的垄断性强。

与此相应，各收费公路经营管理主体之间的关系也有两个特点：

(1)各主体之间经营管理的负面影响小，经营管理者的利益没有冲突；

(2)一个收费路段的建成或路况改善所带来的交通量增加，能使另一路段的

收费收入增长,各主体之间的互补性、互利性好,且各路段的收入能力强。

因此,在这一阶段,政府对收费公路的各种建设与管理模式没有限制,鼓励任何资金来源和投资机构加入收费公路的建设与运营,各经营组织出于趋利也竞相投入这一行业,使收费公路得到了极大发展。

2. 发展阶段,收费路段的关联性与经营者之间的矛盾性

随着建成路段的增多、路网的形成和完善,收费公路布局呈现出以下三个新的特点。

(1)收费公路逐渐向经济欠发达地区延伸,公路的国民经济平衡意义或者长远开发意义大,但中短期收费财务效益较差;

(2)各收费路段连接成条或连接成网,相连路段之间完全关联或关联性加强;

(3)收费公路连接成网,部分路段出现了可替代并行的收费公路,产生收费经营竞争。

与此相应,各经营管理者之间的关系也呈现以下三个方面的特点:

(1)财务收益差的公路无人投资,收益好的路段与收益差的路段的经营者之间依靠自身难以平衡;

(2)一个路段的收费价格增加或路况变差,导致交通量下降,对相连收费路段的经营利益会造成损害;

(3)对于竞争路段,如果两者之间分属不同经营者且互相竞争,那么各经营者之间形成矛盾,对使用者是有利的。如果两者之间形成价格同盟或者形成垄断,则对经营者有利,对使用者常常有害。

因此,在这一阶段,已有的经营者之间矛盾突现,利益互侵的可能性加强,投资者介入收费公路的风险加大,协调和管理的技术手段变得复杂。

二、公路服务生产与消费的外部经济效果

外部经济效果也叫溢出效应,它是指一种物品或服务的生产和消费过程,给他人(包括自然人与法人)带来的非自愿成本和利益,这些附带产生的成本和利益没有计入市场交易的成本与价格之中,施加者没有对被施加者的成本给予补偿或从被施加者得到的利益中索取报酬。外部经济效果会扭曲市场,导致市场失灵。

1．公路服务对社会产生的外部经济效果

公路服务的外部经济主要有如下几种。

(1)沿线地区的社会经济发展与财产升值。由于公路对沿线地域的社会经济发展和人民生活的改善效果巨大，土地等财产升值效益明显，这部分利益公路企业无法通过合理渠道获得。

(2)总交通需求和消费者剩余的增加。由于道路修建或改善降低了公路运输成本，在原有交通需求基础上，会产生新的交通需求和从其他运输方式来的转移交通。其中，新增交通需求对整个社会来说是净增加。总交通需求增加导致社会消费者剩余总量增加[53]。

(3)公路投资的乘数效果与加速效果。对公路设施投资的增加会引发一连串生产性与消费性支出的增加，对社会总需求的增加有刺激作用，这是公路设施投资的乘数效果。

随着交通需求的增加，公路在运营过程中的管理和养护支出会随之增加，由此会引发新的社会需求，从而使社会总需求增加，这是公路投资的加速效果。公路服务的外部不经济主要有如下几种。

(1)水污染。公路在修建和运营过程中，会排放未经处理的污水，对沿线土地、植物和水资源造成长久破坏，其成本并未纳入公路服务生产成本。

(2)噪声污染。车辆在行驶过程中产生的噪声虽然看不见摸不着，但对沿线居民的身体和财产价值有不利影响。在公路修建提高沿线土地和房产价值的同时，噪声却会使受到噪声直接影响的、朝向公路的房产价格下降。这一点在现实生活有明显表现，但在大部分发展中国家未计入公路服务成本。

(3)大气污染。车辆在行驶过程中排出的有害气体会对大气产生污染，特别在交通量大或交通密集的公路上，这一现象非常明显。

水污染是公路企业提供公路服务过程中造成的，属于生产的外部不经济；而噪声和大气污染是使用者在消费公路服务过程中产生的，属于消费的外部不经济[54]。

2．公路服务市场内部的外部经济效果

"内部"这个词是相对于公路服务市场以外的"社会"来说的，一个是微观概念，一个是宏观概念[55]。内部的外部经济效果专门针对公路企业之间生产的和公路使用者之间消费的外部经济效果。

公路企业之间生产的外部经济效果。随着公路投资的加大、路网的不断完善和公路行驶质量的提高,会刺激交通需求增长,给使用者提供更多可选择的行驶路线。竞争路线公路企业之间的经营关系属于正常的市场关系,所以生产的外部经济效果不包括竞争企业之间的相互影响,而是特指非竞争的收费公路企业之间的关系,属于生产的外部经济效果。生产的外部经济主要有如下几种。

(1)相连路线之间。一条公路的道路行驶质量提高和收费价格下降,不仅会使本路线的交通需求增加,而且会使相连路线的交通需求增加,增加相连路线公路企业的经营收入。

(2)同一条公路相连路段之间。一个公路路段的道路行驶质量提高和收费价格的下降,会使整条公路的交通需求增加,使处于同一条公路的各公路企业,在收费价格不变的情况下增加收费收入。

生产的外部不经济主要如下。

(1)相连路线之间。当一条公路的道路行驶质量下降和收费价格提高,会使相连路线的需求减少,经营收入下降。

(2)同一条公路不同路段之间。当一条路线的一段公路的道路行驶质量下降和收费价格上涨,将减少同一条公路相连路段的交通需求,企业在收费价格不变情况下的经营收入下降。

3. 公路使用者之间的消费的外部经济效果

公路使用者在消费公路服务的过程中,对其他使用者产生的外部经济效果,是一种外部不经济。主要表现是随着使用者的增加,交通拥挤程度加重,导致所有使用者的行驶速度下降,使用者的效用减少、行驶成本增加。

三、城市间干线公路服务的市场结构——垄断与“套牢”

市场是供求双方交易需求与交易实施的产物,而市场结构是指众多供给方的市场竞争关系 。因此,经济学意义上的公路服务市场是生产者(公路部门)与消费者(公路使用者)以价格为计量手段进行公路服务交易,假定存在收费公路和有利益动机。公路服务的市场结构是指运输方式之间和公路运营者之间的市场关系,由横向市场与纵向市场组成,决定于运输网络结构形成的技术与成本因素。对于一条公路路线或路段的运营者来说,其横向市场是指替代或并行的运输方式和公路路线,而纵向市场是指相连的运输方式与公路路段或路线。

1. 横向市场垄断的形成原因与表现

(1)干线公路服务具有技术垄断性。如果把公路服务作为一个产业来看,公路服务是一个规模经济具有重要作用的行业。一条公路的服务规模按远景交通需求来设计,在远景交通预测年限内(经济学中的短期生产时期),交通需求的产生与增长需要一个缓慢的过程。对于连接城市的骨干公路来说,它影响和服务的区域呈带状分布,形成了规模生产能力,在建成后很长时间内,公路的利用率很不充分,通行能力相对过剩。因此,在规划服务的区域、方向和运输方式上,现有干线公路的通行能力和用地占了重要的比例,客观上有排除或减弱竞争的作用,具有技术垄断性。

(2)干线公路服务具有自然垄断性。公路的平均成本在很高交通量水平上仍然随着交通量的增加而递减,也就是说存在规模经济[56]。主要是因为公路设施的固定成本非常大,可变成本非常小,平均成本在很大的交通量水平上仍然下降,企业可以不断降价排除竞争或稳定价格维持利润。城市间只有一条或极少几条公路就能达到这样的规模,而且,只要发挥这一条或几条公路在这一规模上的通行能力,就可以满足该区间公路交通的需求。这就是公路的自然垄断属性。

(3)公路服务业是立法垄断行业。由于公路服务具有技术和自然垄断性,以及公路的外部经济效果巨大,各国政府在公路服务领域普遍实施了严格的规制,用公共财政建设绝大部分公路。在引入民间资本时普遍实行了政府特许制,政府特许制又叫立法垄断,本身就具有排除竞争的功能,使整个行业处于垄断状态。

假定公路为经营性道路,普遍实行收费通行制,由于路网状况,干线公路服务的横向市场结构以完全垄断和寡头垄断市场为主,有以下表现。

(1)寡头垄断。在城镇、人口、工业密集的发达地区内部,路网的道路密度相对较大,存在公路服务水平差异不大的并行线路,并行线路之间产生竞争,这是一种纯粹寡头;在同一地区相同方向上,存在公路等级和服务水平差异较大的并行线路,相互之间有替代性,这是一种差别寡头。

(2)完全垄断。由于受运输点分布、地理地形条件、建设成本和政治经济意义的限制,位于山岭重丘区的公路和长大隧道、跨大河大江的大型桥梁和水底隧道、通往山区或贫困地区的地方道路,往往具有完全垄断性,既没有其他运输方式的竞争,也没有替代道路。

2. 干线公路服务纵向市场的"套牢"结构

干线公路的纵向市场结构,是指相连路线或路段运营者之间的市场关系。由于公路一旦建成就不能改变用途,同时,由于干线公路横向上的技术垄断,不能改变其连接的路线路段或改变的成本非常高,即公路服务的供应链固化。各路线和路段的运营者在经营上互相"套牢",产生经济学上的"套牢问题"[57],主要表现为经营上的互相依赖制约和可能的互相侵占。互相依赖是指它们在吸引交通量上互相依赖,拥有全部或部分共同的公路使用者,谁也离不开谁,但是谁也可以制约谁。由此,可能产生侵占性经营的问题,属于生产经营的外部负经济效果,主要有以下两种表现形式。

(1)如果独立路线的局部为收费路段,则该收费路段就有利用整条公路资源进行侵占性经营的条件和可能性。例如,一条100公里长的公路,只有1米或1公里或10公里或50公里的一个收费路段,其收费收入能力和效果与经营100公里一样。那么,谁还会投资100公里的资金来建设整条公路或购买整条公路的经营权?这属于一种不正当经营行为,具有很强的、不良的社会示范作用。如果政府默许这种行为,就会有许多投资者用很低的投入经营短路段,大大减少政府吸引投资建设公路的融资力度。

(2)相连路线或一条公路的不同路段分属不同的经营者,则经营者之间就可能互相侵占定价或者减少养护投入。例如,一个经营者A投入很大的资金建设经营较长的路段,另一个经营者B用很少的投入经营与A相连的很短的路段,A和B事实上就拥有了相同的共有公路使用者群体。由于B的投入资本较少经营风险小,在与A的博弈中占优势地位,往往采取侵占性的高定价,迫使A出于资金风险和担心过多减少需求而只能采用较低的收费价格。诸如此类的经营行为都是不公平的,对正常的公路服务市场秩序会产生很大影响,如果政府不进行规制,必将给社会贡献大并且付出多的公路企业造成打击。

侵占性经营问题在我国具有普遍性,特别是高速公路发展初期短路段建设并经营的公路企业,其单位价格一般明显高于后期建设的长路段的收费价格。

四、公路服务政府规制的内容

市场机制自动导致高效率依赖于两个条件:完全竞争和不存在外部经济效果。而现实中的公路服务市场是垄断的,存在巨大的外部经济效果,完全由市场来调节公路服务市场会导致市场失灵。市场失灵要求政府发挥更大的作用,政府作用的发挥主要通过规制来实现。规制是指政府以法律法规和依法成立的专门机构来改变和控制企业经营的一系列活动的总称,它包括经济规制和社会规制。因此,政府规制的基本内容,包括经济规制与社会规制:经济规制主要针对反垄断、公路企业的服务水准和收费价格;社会规制主要解决公路服务生产与消费中的外部负经济效果。

1. 对公路服务垄断市场的规制

由于公路服务市场在任何国家都是完全垄断或寡头垄断的。政府对公路服务市场垄断的规制内容涉及市场行为和市场结构两个方面,前者是指不正当的垄断竞争行为,后者针对过分集中的市场结构。

(1)应该被禁止或限制的垄断行为。政府应该禁止或限制公路服务市场可能出现的利用垄断地位削弱竞争、过度剥夺使用者剩余的行为。目前,这些行为主要包括以下三类。

①共谋。公路服务市场共谋有可能体现在:竞争线路或可替代线路的公路企业之间就固定收费价格和分割交通需求市场所达成的协议和默契,也就是我们在市场竞争理论中所说的厂商勾结,有组织的共谋被称为卡特尔。同时,应该禁止或限制可能导致共谋的行为,如竞争的公路企业之间互派董事、互相持股等。

②严重的价格歧视。原则上,在公路服务市场上只有以下形式的差别收费价格是合法行为:针对行驶距离和使用公路服务次数的数量折扣、提前支付现金购买的折扣、为了对交通拥挤实行社会规制而采取的差别收费价格(如高峰负荷定价、特殊慢速车辆定价)、根据公路企业成本差异收取的差别收费价格等。因为这些价格差异影响企业的生产成本、销售成本、资金成本和社会成本,存在成本差异。所以,只要价格差异能反映成本差异就不算是违法行为,但是要禁止不能说明成本差异的差别价格[58]。

③其他不正当、不公平或欺诈的行为。如采用误导使用者的公路指向标志等虚

假宣传的行为，在公路交叉口人为地设置“路障”强制使用者选择路线的行为等。

(2)限制过分集中的市场结构。在公路服务市场上，对处于完全垄断地位的公路线路尽量不批准经营性收费，限制公路企业同时经营替代或竞争路线，从而人为制造市场垄断。

①对占有太大市场份额的公路企业进行限制。不管其本身是否有不正当竞争行为，一家企业占有太大市场份额这一事实本身就可构成垄断，这些企业具有采取垄断行为的客观条件和冲动。对这些公路企业我们不能采取针对一般企业的解体或分拆办法，只能依靠完善路网，相对提高替代路线或竞争路线的服务质量，从而抑制这些企业的垄断行为。

②限制影响市场结构的横向兼并。应该禁止导致市场过分集中、可能削弱竞争的横向兼并。横向兼并是指竞争或替代线路的公路企业之间的兼并。这种兼并使公路企业扩大垄断区域，减少垄断区域内使用者选择路线的机会，使企业过分扩大市场占有率，因而是反垄断的重点。

③对同一条公路分段经营的限制。由于历史和公路建设阶段性的原因，同一条公路的不同路段由不同的公路企业经营，这些企业的联合与兼并不属于垄断行为。如果把公路服务生产比作一般生产企业，对于各路段的共有使用者来说，同一条公路不同路段不属于生产的不同环节，它们共同组成了一个完整的生产环节，只有相连的不同路线才构成不同的生产环节。因此，同一条公路不同路段的不同公路企业之间没有竞争关系，属于一种“套牢”的市场关系。各路段的综合收费价格不会低于一家经营的价格，这是由综合成本与博弈产生的必然结果。政府对这种情况应该进行规制，规制的目的是打破互为垄断格局，促进联合经营或兼并，以形成一个完整的、互联互通的公路服务环节。如按照《公路法》原则性规定的“统一经营，按比例分成”就可解决这个问题[59]。

2. 对公路服务水准的规制

对公路服务水准的规制既属于经济规制又属于社会规制，对收费价格的规制属于经济规制。由规制机构来确定公路服务标准和收费价格水平，以达到改善效率的目的。

(1)对公路服务水准的规制。对公路服务水准的社会规制的主要内容有：公路基础设施的建设与运营维护，交通秩序维护，公路服务生产与消费中的环境保护。根据中国现行的政府行政管理体制,公路交通管理部门依据国家法律、行业技术标准与规范、地方法规和部门行政规章制度,主要针对公路基础设施本身的建设与运营维护进行行业管理[60]。公安部门依据全国统一的交通管理法规,主要针对交通秩序进行管理。环保部门针对公路排水和汽车排污、林业部门针对公路绿化树木、土地部门主要针对公路建设用地实施管理。

(2)对公路服务经营的规制。根据规制的理论解释,公路服务经营的经济规制应该针对行业进出、经营服务过程、服务产品及其收费价格三方面的内容来实施。而实际上,大多数人把收费价格规制作为整个公路服务经营规制的核心。

对行业进出的规制应该建立在一系列的法律框架之上,并通过制定一系列的进出条件来实施,如收费公路经营权能否流转、抵押、继承等[61]。这些法律问题的解决构成了政府规制的基础。在法律框架之下,政府通过制定相关的配套规定来实施具体规制行为,以此为企业经营和政府对经营过程的规制打下基础。

对经营服务过程规制的主要内容有如下四方面。

①对生产经营的外部经济效果的规制。根据前面划分的几种生产经营外部经济效果,如同一条线路相邻路段之间、相连路线之间的侵占性经营,应该拟定相应的处置和协调原则。

②对收费活动的规制。如收费站的位置与规模,收费与监控设施标准,收费服务的速度与车辆排队等。

③对公路设施与交通运营信息的规制。包括收费价格与收费收入,交通量和车辆轴载的分类与统计数据,公路建设,运营过程中公路设施的日常养护水平,公路设施的大中修工程,局部或整体扩建和改建公路设施。

④对经营工作环境与安全的规制[62]。

3. 对公路服务产品及其收费价格的规制

(1)对公路服务产品的规制。公路服务的本质是运载服务,但是同一条公路的运载服务在提供的条件和形式上有区别。一般情况下公路服务产品有两类。第一类是企业主动设计的服务产品,如:预购通行卡,优惠通行,不同收费公路的联网收费和联合经营,专用通道,高峰负荷定价,不同使用者的差别服务等。第二类是政府强制推出的服务产品,如:对涉及国家安全、维护社会稳定和治安、公共紧急救援服务等领域的使用者;对特殊阶段特殊区域的特殊使用者,提供特别服务，如政府的重要客人、贫困地区的使用者、特殊产品运输等。这些都可以看作为不同的公路服务产品[63]。

企业设计和推出第一类公路服务产品是有目的的。其中，有些是正常的经营行为，有些是企业为获得长久垄断地位或扩大垄断地位而采取的不正常的“寻租”行为；有些是企业为刺激需求给予使用者折扣的正常经营行为，还有些是为增加政府判别难度、规避政府规制而采取的隐性超额定价行为。对于政府强制推出的第二类服务产品来说，一般都是免费或优惠的特别通行服务，这类服务产品对企业的正常经营和利益可能会造成损害[64]。政府应严格缩小和限制这类产品的条件、范围和数量，通过财政转移支付或其他可获得收入的途径给予企业适当的补偿。

(2)对收费价格的规制。政府对收费价格的规制应当建立在比较明确的理论基础之上。由于各收费公路进入经营的时间、公路企业的融资成本、投资回报率、公路资产的寿命周期和折旧方法等问题，没有公认的、明确的处理理论、技术和方法，所以政府在具体企业的利益平衡问题处理上非常困难，可能会经常受到企业“责难”[65]。鉴于此，政府规制不应该过多关注某一具体企业的情况，而应该更多地从全社会的角度、从所有类似企业的平均水平出发，制定相关政策。政府在规制中虽然不可能明确具体的收费价格规制标准，但应该明确收费价格规制的原则、考虑的因素和核准价格的基本方法，以便引导企业的定价行为。

目前，适合于政府规制公路收费价格的基本方法有以下两类。

①直接控制收费价格的方法。政府对收费价格的直接控制方法都应当以边际成本定价法为基础，用效率价格来衡量企业所提出的收费价格，以及作为平衡各种矛盾的基础。由于效率定价可能使公路企业长期亏损经营，从控制收费价格的角度来说，可以用次佳定价方法来代替边际成本定价法[66]。

②间接控制收费价格的方法。间接控制收费价格最典型的就是投资回报率方法。为企业制定一个接近“竞争的”或“公正的”投资回报率，以此制定收费价格，在一定程度上控制公路企业的收费价格和利润[57]。原则上，政府为企业制定的投资回报率应该相当于等量资本在相似技术和相似风险下所能得到的平均市场报酬，但做到这一点相当困难。第一，什么是“竞争的或公正的”投资回报率？以什么作为客观标准？政府规制机构与企业经常在这一问题上纠缠不休[67]。第

二,决定投资回报率的关键因素是企业的未折旧资本量,难以估计。关于资本量和企业的生产成本,规制机构和企业在信息上不对称,企业处于有利地位。第三,规制滞后,影响投资回报规制的效果[68]。

第四节　政府规制收费价格的理论分析

一、收费公路理论价格分析

收费公路存在公路和路网两种形式,存在收费还贷为代表的政府主导型和特许经营为代表的商业经营型,因此在进行收费公路价格的确定时,就组合出四种价格确定模式。

1. 公路的收费还贷型定价模型分析

(1)平均成本收费还贷定价模型

为使费率确定简单化,在假定道路上车流是标准车流时,暂不考虑成本函数的税收问题。

设 p_1 表示收费价格,$p_1 = p_1(q)$是交通量 q 的函数。$c(q)$是总成本函数,因为收费公路的投资和运营基本和公路历程成一定的函数关系,故也可设为交通量 q 的函数。

目标函数:经济社会福利最大化,即:

$$w = \int_0^q p_1(u)\mathrm{d}u - c(q)$$

约束条件是:

$$p_1(q) - c(q) \geqslant 0$$

构筑拉格朗日函数得:

$$w = \int_0^q p_1(u)\mathrm{d}u - c(q) + \lambda[p_1 - c]$$

求关于 q 一阶导数:

$$\frac{\mathrm{d}w}{\mathrm{d}q} = p_1(q) - c'(q) + \lambda\left[p_1 + q\frac{\mathrm{d}p_1}{\mathrm{d}q} - c'(q)\right]$$

设 MSC 为社会边际成本等于上式中的 $c'(q)$,则最优化下:

$$p_1 - \mathrm{MSC} = -\lambda\left(p_1 + q\frac{\mathrm{d}p_1}{\mathrm{d}q} - \mathrm{MSC}\right)$$

则：

$$\mathrm{MSC} - p_1 = \frac{\lambda}{1+\lambda}q\frac{\mathrm{d}p}{\mathrm{d}q}$$

为了进行价格弹性分析，进一步整理得：

$$\frac{q}{p_1}\cdot\frac{\mathrm{d}p_1}{\mathrm{d}q}\left(-\frac{\lambda}{1+\lambda}\right) = \frac{p_1 - \mathrm{MSC}}{p_1}$$

设 $\varepsilon_1 = -\frac{p_1}{q}\cdot\frac{\mathrm{d}q}{\mathrm{d}p_1}$为价格弹性的负数。用 R 代替$\frac{\lambda}{1+\lambda}$进一步可得：

$$\frac{p_1 - \mathrm{MSC}}{p_1} = \frac{R}{\varepsilon_1} \Rightarrow p_1 = \frac{\mathrm{MSC}}{1 - R/\varepsilon_1}$$

当追求社会经济福利最大化时，约束条件 $p_1 \cdot q - c = 0$ 可以得到 $p_1 = c/q$，它是车辆的平均分摊成本，所以，多数学者将上述定价原理成为平均成本定价原理。

上式的经济含义是，收费公路的收费价格会因交通需求的价格弹性有所不同，但是也要按照相同的系数 R 进行调整，从而使得 p_1 和平均成本水平相一致。这也说明，当存在收支平衡的约束时，必须将收费价格订得高于边际成本$\left(\mathrm{MSC} < \frac{\mathrm{MSC}}{1 - R/\varepsilon_1}\right)$，从而在达到收支平衡约束条件下，达到社会经济福利的最大化。

(2)一般情况下的还贷定价模型

由式 $p_1 = \frac{\mathrm{MSC}}{1 - R/\varepsilon_1}$决定的定价模型，存在如下的缺陷。

①受到价格需求弹性的影响，弹性系数 ε 是个较难确定的变量，其大小影响到收费标准及交通量等多种因素。

②成本函数 $c(q)$是一个由建设到收费整个过程随车辆数变动的函数，因收费期间的长短不同，$c(q)$也是一个较难控制测定的函数。

③从平均成本定价模型可以看出，它是一个静态模型，未能考虑到资金的时间价值问题。

④在成本函数未能将税收因素考虑进来，显性化。但是平均成本模型在理论分析上也有不可忽视的理论意义，它表明要在约束条件下达到社会经济福利的最大化，必须考虑的因素和方法。

对一般的还待定价模型在实务中通常作一下修改,第一,定价问题主要不是从消费者剩余出发,而从收支平衡条件出发;第二,以动态替代静态,并涉及税收问题。

设收费公路的建设期为 n,收费期为 n_1,c_i 为收费公路的年现金支出,b_i 表示收费期的年现金流入。

每标准车次的收费价格为 p,收费期每年的交通量为 q_i,税率为 t,则收费期现金流入为 $b_i = p \cdot q_i(1-t)$,贷款年利率为 r,投资的本利和终值为 s。根据平均成本定价原理及计算期内收支平衡作如下分析。

①首先分析贷款本息逐年或者分期偿还的情况

$$\sum_{i=0}^{n+n_1} c_i(1+r)^{-i} = \sum_{i=n+1}^{n+n_1} b_i(1+r)^{-i} = \sum_{i=n+1}^{n+n_1} p \cdot q_i(1-t)(1+r)^{-i}$$

可以得出价格:

$$p = \sum_{i=0}^{n+n_1} c_i(1+r)^{-i} \Big/ \sum_{i=n+1}^{n+n_1} q_i(1-t)(1+r)^{-i}$$

②当贷款本息需要一次性偿还的情况

$$s + \sum_{i=1}^{n} c_i(1+r)^{n-i} = \sum_{i=1}^{n} b_i(1+r)^{n-i} = \sum_{i=1}^{n} p \cdot q_i(1-t)(1+r)^{n-i}$$

$$p = s + \sum_{i=1}^{n} c_i(1+r)^{n-i} \Big/ \sum_{i=1}^{n} q_i(1-t)(1+r)^{n-i}$$

这样在实际操作上,采用一般定价模型近似代替平均成本定价模型,对收费还贷定价的确定,转化为对前期投资年支出、收费期年支出、交通量、利率及收费和建设年限,都是可以比较明确测度的指标。

(3)评价

收费还贷价格模型,首先,应注意因为道路建设资金的短缺而进行借贷融资,收费的目的是解决建设资金问题,那么确定费率时,必须以能够按时偿还本息为目标,以便吸引更多的资金,故在平均定价模型中必须受到收支平衡的约束。其次,在保证收支平衡条件下,应追求福利最大化。再次,由于收费标准受到价格需求弹性的影响,必须考虑到因收费导致的交通量转移问题。最后因为平均成本定价模型在操作上的难度,必须寻找解决途径,虽然本模型不见得是最佳的解决办法,但是不失为一种有效的方法。

2. 公路的经营型收费定价模型分析

当道路收费的目的是收回投资并取得一定的利润的时候，这种收费是经营型收费。经营型收费在经营期内收回投资的同时，必须取得投资利润，甚至是高额利润，只有这样才能吸引建设投资，显然边际成本和平均成本定价无法达到这样的目的。主观上经营型收费的投资商在主观上，要求在特性经营期内实现最大限度的商业利润，但因交通需求的价格弹性作用，收费标准必然要求影响交通量的发生，故此收费标准既受到投资成本和投资回报率的影响，还受到价格弹性的影响。

本着利润最大化的定价目标。设 p_2 为收费价格，利润为 $\pi = p_2 \cdot q - c(q)$。

最优化的条件是，$\frac{\mathrm{d}\pi}{\mathrm{d}q} = 0, \frac{\mathrm{d}^2\pi}{\mathrm{d}Q^2} < 0$：

$$\frac{\mathrm{d}\pi}{\mathrm{d}q} = p_2 + q\frac{\mathrm{d}p_2}{\mathrm{d}q} - c'(q)$$

$$p_2\left(1 + \frac{q}{p_2}\frac{\mathrm{d}p_2}{\mathrm{d}q}\right) = c'(q) = MC$$

设：$\varepsilon_2 = -\frac{p_2}{q}\cdot\frac{\mathrm{d}q}{\mathrm{d}p_2}$，则有：

$$p_2 = \frac{1}{MC} - \frac{1}{\varepsilon_2}$$

由于价格弹性和成本函数涉及不易测定的因素，因此仅具有理论价值，实际操作需另辟途径。

(1)无政府规制下的、一般化的经营型收入定价模型

实际中，对于收费价格的确定，通常采用倒退的方法，即首先确定预期的投资报酬率 K，假设建设期年投资为 c_{i1}，收费期年经营建设支出为 c_{i2}，然后按照现值及投资率可以得到平衡方程为：

$$\sum_{i=0}^{n} c_{i1}(1+K)^{-i} = \sum_{i=n+1}^{n+n_1}[b_i(1-t) - c_{i2}](1+K)^{-i}$$

$$\sum_{i=0}^{n} c_{i1}(1+K)^{-i} = \sum_{i=n+1}^{n+n_1}[p \cdot q_i(1-t) - c_{i2}](1+K)^{-i}$$

得：

$$p = \left[\sum_{i=0}^{n} c_{i1}(1+K)^{-i} + \sum_{i=n+1}^{n+n_1} c_{i2}(1+K)^{-i} \Big/ \sum_{i=n+1}^{n+n_1} q_i(1-t)(1+K)^{-i}\right]$$

(2)政府规制下的一般经营型收费定价

收费公路带有垄断性，为了避免垄断造成的福利损失，政府进行规制。

当无政府规制时，垄断厂商按照边际理论 MR = MC 定价为 p_0，可以达到其利润最大化，但当政府规制价格的时候，确定在 p_1、p_2 时，此时的需求量要比垄断供给要大，减少了垄断利润。

另一方面，对于经营型收费，由于其收费价格受到价格弹性的影响，虽说价格弹性较难测定，但是可以近似的用级差效益 ΔR 作为限制条件使用，通常这个效益由投资者和使用者共享，那么收费价格上限应为：

$$p \leqslant \Delta R \cdot f = (AC_0 - AC_1) \cdot f \qquad (0 < f < 1)$$

其中：f 为共享比例；AC_0 是不使用收费公路的成本；AC_1 是使用收费公路的成本。

实践中，经营型收费的确定，是按一般性经营收费的模型进行的，该模型中的参数和函数确定与还贷收费的确定相近，这里不再赘述。

两种收费价格的比较：收费还贷和经营型收费两种路段收费率的决定模型，可以从不同的角度进行比较分析。

(1)收费目的不同

收费还贷是为了开拓融资渠道，归还公路建设的借贷资金本利和，经营型收费是为了吸引公路建设的投资者，不仅收回投资，还必须具有一定的预期回报。

(2)财务分析不同

收费还贷必须保持财务收支平衡，收费收入必须在规定的期限内，归还贷款资金的本利和，收费收入归建设方以归还债务，同时必须保持一定的社会报酬率，且须考虑资金的时间价值；经营型收费在保持收费额上投资的相互平衡之外，须保持尽可能高的投资回报率，这个回报率一般应高于社会平均利润率，有时具有一定的垄断利润。

(3)经济侧重点不同

收费还贷是保证收支平衡条件下的社会福利最大化；经营型收费是从投资者角度出发，寻求利润最大化，或者替代性投资报酬尽可能最大化。

(4)经济理论不同

收费还贷是按照平均成本曲线为供给曲线，在交通需求之下，由供需平衡决定收费率；经营型收费是按照边际成本与边际收益相等的利润最大化进行收费。

(5)经济福利水平不同

数学比较：

$$p_1 = \mathrm{MC}/(1 - R/\varepsilon)$$

$$p_2 = \mathrm{MC}/(1 - 1/\varepsilon)$$

因为 $R = \dfrac{\lambda}{1+\lambda}$ 的经济意义是固定成本分摊系数，同时收费价格对交通量是有弹性的，而且是富有弹性，即 $\varepsilon > 1$。

从而有：

$$R < 1 \Rightarrow \frac{R}{\varepsilon} < \frac{1}{\varepsilon} \Rightarrow 1 - \frac{1}{\varepsilon} < 1 - \frac{R}{\varepsilon}$$

得：

$$\mathrm{MC}/(1 - R/\varepsilon) < \mathrm{MC}/(1 - 1/\varepsilon) \Rightarrow p_1 < p_2$$

(6)经济福利变化方向不同

收费还贷和经营型收费是以取得费额为目的，加大了公路使用者的运营成本，减少了使用者的经济福利，其社会福利的变化方向是，减少投资者或者贷款经营者的经济福利，加大公路使用者的经济福利，使社会福利向最大化方向努力。

在讨论了单条公路的收费价格决定问题后，转而指向路网收费的理论，路网收费的确定是以单条公路收费价格为基础确定的。

3．公路的经营型收费定价模型分析

收费还贷价格的确定，理论上，路网收费还贷收费价格的确定仍应有平均成本理论进行，鉴于其的不易操作性，应按如下一般模型进行确定。

$$p = \sum_{i=0}^{n+n_1} c_i (1+r)^{-i} \Big/ \sum_{i=n+1}^{n+n_1} q_i (1-t)(1+r)^{-i}$$

由于路网多个参数的估计涉及所有公路的综合，因此需要综合确定，具体来分析如下。

(1)成本函数 c_i 的确定

成本函数 c_i 在模型中分为两个部分，一部分是建设期的投资额 c_{i1}。一部分是收费期的运营成本 c_{i2}。

对于 c_{i1} 的估计，在路网收费中，形成路网的各条道路可能原始收费年限不同，加之所确定收费率及资金来源不同，所确定的贷款利率不同，对此须按原来最初确定的资料,按照资产评估中的重置成本法重新评估其剩余投资成本。

设经过资产评估后确认各路段的剩余成本分别为 $c'_{i1}(i=1,2,\cdots,m)$,那么原始投资在路网中的剩余值 $c_{i1}=\sum_{i=1}^{m}c'_{i1}$。

对于 c_{i2}的估计,年运营成本主要由日常维护保养费用、安全管理费用、收费管理日常费用,以及通信设备的维护费用四部分组成。

(2)收费年限的确定

原来各路段的收费规定年限为 $n_i(i=1,2,\cdots,m)$,由于某些路段收费期限已到,但整个路网的收费仍未结束,收费行为需继续进行,不过已结束收费路段所收费数归政府所有,故路网收费的收费年限确定数应以单条道路的最长收费期确定,即:$n=\max\limits_{1\leqslant i\leqslant m}\{n_i\}$。

(3)利息率 r 的确定

由于不同的路段融资资金的来源可能不同,因此利息率可能不太相同,为了保证吸引更多的贷款,必须保证在收费期内全部偿还本利和,但若从路网收费的整体性考虑,只要保证路网全部贷款按时偿还即可,在选用适当的贴现率时,可能使各路段的贷款出现还贷不足与多余的情形,但只要能保证综合平衡即可,故贴现率有如下两种方法确定:

一为:

$$r=\max_{1\leqslant i\leqslant m}\{r_i\}$$

二为:

$$r=\sum_{i=1}^{m}r_i\cdot K_i$$

其中,r_i 是第 i 个路段原先的折现率,$i=1,2,\cdots,m$;r 是路网的折现率;K_i 是折现率的权数,可取 $K_i=\dfrac{c'_{i1}}{\sum_{i=1}^{m}c'_{i1}}$,$c'_{i1}$是第 i 条路段的评估剩余投资。

(4)交通量的预测目前比较成熟,在此不再赘述

因此路网收费还贷的收费价格可以参照如下公式进行。

经营型路网收费是指各个道路均是经营型收费的情形,路网经营型收费按照一般定价模型,考虑价格弹性测定的困难和政府对价格的规制因素,综合测定。

$$p_2 = \left[\sum_{i=0}^{n} c_{i1}(1+K)^{-i} + \sum_{i=n+1}^{n+n_1} c_{i2}(1+K)^{-i} \Big/ \sum_{i=n+1}^{n+n_1} q_i(1-t)(1+K)^{-i} \right]$$

为了确定 p_2,需要测定的参数如下。

①路网收费的年经营成本 c_{i2},由于其仅是经营成本问题,无论经营型收费还是还贷收费都对其影响不大,故其可参照收费还贷的方法确定。

②收费年限和交通量等同于还贷型。

③投资回报率 K。

由于各独立路段的建设期、营运时期不同,原来各自确定的投资回报率也将不同,那么对于不同路段的投资回报率,如何决定路网的投资回报率?

从路网经营收费这一整体对象来看,一方面经营型收费从投资者角度应尽可能考虑利润最大化目标,从收费路网这一个局部的垄断市场出发,尽可能实现边际成本=边际收益定价,从而可以吸引更多的投资。

另一方面,要受到整个路网产生级差效益分担份额的限制,收费不能超过级差效益的全部。

另外,从社会经济福利的角度考虑,政府尽可能多的进行价格规制,以限制过多垄断利润的产生。

因此,可以参考如下的方法:

$$K = \max_{1 \leqslant i \leqslant m} \{K_i\}$$

$$K = \min_{1 \leqslant i \leqslant m} \{K_i\}$$

$$K = \sum_{i=1}^{m} K_i \left[\frac{c'_{i1}}{\sum_{i=1}^{m} c'_{i1}} \right]$$ （c'_{i1}是路段 i 的剩余资产评估值）

$$K = \theta \max_{1 \leqslant i \leqslant m} \{K_i\} + (1-\theta) \min_{1 \leqslant i \leqslant m} \{K_i\}$$

$$K = \theta \sum_{i=1}^{m} K_i \left[\frac{c'_{i1}}{\sum_{i=1}^{m} c'_{i1}} \right] + (1-\theta) \left\{ K' - \sum_{i=1}^{m} K_i \left[\frac{c'_{i1}}{\sum_{i=1}^{m} c'_{i1}} \right] \right\}$$

（K'是当前市场上的投资回报率,可以参照上市的交通运输行业的回报率）

税率由国家强制规定执行。

综合收费路网费率的确定:综合收费路网是指构成收费路网的各个独立收费道路,其收费目的,包括了收费还贷和经营型收费两种。是以平均成本还是以垄断利润为主,这是决定收费模型的主要问题。当网络中哪种方式占主导,则可以以哪种方式为主。两者的主要差别是投资回报率、剩余成本或者资本的差别。

无论按照收费还贷型还是经营型收费模型，都涉及 c、n、q、r、K 的确定问题。

对于不同的组合，一般的办法是按照资本存量 c 的权重来计算，在此不再重复展开。

二、不同经营阶段收费价格的规制方法

随着时间推移和社会经济的发展，公路交通量(交通需求)会逐渐增加。由此，导致公路企业的经营存在三个阶段：第一阶段是导入期，需求曲线低于平均成本曲线；第二阶段是成长期，需求曲线与平均成本曲线相切；第三阶段是成熟期，需求曲线与平均成本曲线相交[75]。也就是说，在第一阶段不管采取什么样的价格，都无法收回固定成本，只有在第三阶段企业才会产生利润。因此，对公路企业和政府规制机构来说都面临一个问题，就是如何平衡不同经营阶段的收费价格。

从政府规制角度和问题的本质出发，第一阶段是如何规制定价以减少企业亏损的问题，第三阶段是如何规制定价以限制垄断定价和利润的问题，前后综合考虑是如何使企业前期亏损通过后期利润得到弥补并得到合理投资回报的问题。在每个阶段，基本的价格规制方法与上述相同，但需要就不同阶段采取不同的定价规制策略进行分析。

1. 导入期的对策

因为在第一阶段无论什么价格都不能收回成本，所以企业应当采取低价策略，以边际成本定价为基本价格。一方面效率价格有利于社会福利最大化，另一方面企业能够收回变动成本维持经营，同时，更有利于交通需求的增长。在这一阶段，企业应当调低折旧和资本回报速度或费率，并报政府批准或与政府规制机构协商沟通，为获得政府补贴或税费减免，也为将来提高收费价格、加快折旧和资本回报打下基础。在这一阶段，交通需求处于培养期，交通量的增长规律不明显，企业和政府规制机构都不太可能制定明确的策略。

2. 成长期的对策

在度过前期阶段、交通需求有了大幅增长后，应该允许企业依据需求情况及时作出收费价格调整。以次佳定价理论为基本方法，逐渐提高收费价格。同时，在财务处理上应该允许企业适当调高折旧和资本回报速度，并报政府批准或与政

府协商沟通[75]。在这个阶段,交通需求处于成长期,交通量的增长一般会显现出一定的规律,便于制定企业经营和政府规制策略。

3. 成熟期的对策

由于在这个阶段交通需求达到一定规模,进入成熟期,交通量的增长具有了明显的规律性,企业和政府规制机构都可能形成比较成熟的策略。在前两个阶段,如果说政府规制以企业的利益为重,给予了企业许多自由定价的权利,那么,在这一阶段,政府对企业的规制进入了严格监控期。交通量大意味着收费价格对社会福利和经济体系的影响大,政府规制机构对企业调整收费价格必须进行细致严密的分析和论证。在考虑企业前期经营困难和亏损的前提下,在审核收费价格时应该严格控制高定价。在这一阶段,联合使用平均成本定价和边际成本定价两种方法。使用平均成本的目的是为了把过去的亏损,或调高折旧和回报速度的因素考虑进来。而此时,交通出现拥挤,边际成本定价可能有大幅增长,用效率价格作为衡量收费价格偏离的程度,并以此加以纠正企业定价行为。

三、相连路段之间收费经营行为的规制

经营者经营收费公路的目标是利润最大化。这里面有三个基本层次的含义:在尽可能短的时间内收回投资、支出成本最小和在有效经营期内取得最大利润。

为此,经营者在经营过程中一般会采取以下三项措施。

(1)按收费收入最大定价。

(2)在收入与养护质量之间权衡,以使养护支出水平最低。

(3)提高管理效率,减少管理成本。

很明显,上述第(3)项措施对宏观国民经济和微观企业效益都有利。但是,第(1)、(2)项措施有可能产生两个后果,即不合理减少养护支出,使公路路况变差,公路服务水平下降;高定价收费使交通量减少。这两个后果会导致宏观国民经济受到损失,使经营收益产生变化。

研究相连路段之间收费经营行为的管理,首先必须清楚研究的角度和利益矛盾包括的内容[75]。根据经济理论和现行公路建设项目可行性研究的方法,研究的角度有两个:宏观国民经济效益和微观经营者财务效益。那么,利益矛盾包括的内容相应地也有两个方面:宏观国民经济与微观经营者之间的矛盾、微观经营者

之间的利益矛盾。

1. 宏观与微观利益矛盾的协调

建立在微观经济学基础之上的经济评价方法,以及国家颁布的项目可行性研究规定,使我们可以得到如下一些协调的基本原则。

(1)如果经营管理者的收费经营和公路设施维护行为使交通量减少,其所引致的国民经济损失不得使整条收费公路的国民经济评价结果低于标准要求。这是国家评价和批准基础设施建设项目及其经营管理方案的基本原则。

(2)公路是国民经济的基础设施,国家有专门的养护技术规范,经营管理者对公路的养护应该满足规范要求。当然,由于技术进步水平和养护经费的缺乏等客观条件的约束,使现行养护技术标准难免存在可操作性差、个别指标普遍达不到要求的现象。在这种情况下,经营者的养护水平至少应该达到本地区同等级公路或本路段所在公路其他路段的平均养护水平。

2. 经营者之间的利益调整

一个路段既有本路段独有交通量,也有与其他相连路段的共有交通量,共有交通量的增加或减少对彼此都有影响。对于共有交通量的使用者来说,选择行驶路线不仅要考虑其中某一路段的收费情况,更重要的是要考虑各路段综合后的收费情况。一个收费路段定价较高会提高整个路线的收费水平,交通量必定减少,使其他相连路段的收费收入降低,这是公路服务生产的外部不经济[76]。

协调某一经营者的收费经营行为与其他相关经营者的利益关系是一个比较棘手的问题。在解决协调问题之前,应该明确他们之间的经营关系。

(1)一个路段独有交通量的变化不影响其他收费路段的经营,不属于经营者之间利益协调的范围。共有交通是相连路段共同的消费者,对共有使用者来说他们是一个整体,不是可供自由选择的竞争者。

(2)各路段虽然独立经营,但他们在占有消费者市场份额上不存在竞争。

(3)他们之间争取的是占有总收费价格的相对数量,收费价格相对数量是他们竞争的核心内容,这与常规市场竞争的核心内容完全不同。

明确了这一关系,也就明确了政府定价规制在协调经营者之间利益问题上的主导方向。由此出发,协调利益关系应遵循以下两个原则。

(1)某一路段的收费定价行为,应使各路段收费收入的总和增加[77]。这一点包含了两层意义:一是全线各路段总计之后的收费收入比原来增加;二是某一路段定价使本路段收费收入的增加值大于其他路段收费收入减少的总额。收费收入增加是经营者定价的目的,也是协调各经营者利益矛盾的基础。

(2)确定各路段收费价格的相对数量至少应考虑两个因素:一是定价所影响的共有交通在相连路段交通组成中所占的比重,由此基本可以判断定价对各路段收费经营的影响程度;二是各路段为获得收费经营权所支付的成本、已获得的收费收入、资本存量、有效经营期限和剩余经营时间等,考虑这些因素计算各路段所拥有的剩余经营权益以及共有交通在剩余权益中占有的比例。这样做有利于充分考虑各路段的不均衡因素,使各路段在评估中处于公平的位置,使评估建立在符合资产评估和项目经济评价原则的基础上。

实际上,由于路段所处位置和建设时间的不同,决定了各收费路段在投入—交通量关系上有根本的不同。当一条公路由多个收费路段组成,各路段就存在如下不均衡情况。

(1)经营长路段与经营短路段之间。

(2)经营长大隧道、桥梁与经营一般路段之间。

(3)经营地形复杂工程数量大造价高的路段与经营工程数量少、造价低的路段之间。

(4)经营位于经济中心周围的路段与经营远离经济中心的路段之间。

(5)经营优惠政策多的路段与经营优惠政策少或无的路段。

(6)跨不同行政管辖区的路段之间;等等。

利用经济分析的一般原理,分析各路段剩余的经营权益,使这些复杂的不均衡因素被充分地考虑在内且能相互比较。这样做的本质是相互比较,起决定性作用的是各路段评价结果的相对数量,绝对值的作用不大。因此,计算过程中所取用的一些社会经济指标是否很准确或很合理,对路段相对主导权的评价结果没有大的影响[63]。

四、独立路线收费经营的规制

这种情况是指一条完整独立的公路只有其中的一段实施收费,即收费路段的长度占整条公路的一部分[78],那么,该收费路段就有利用整条公路资源进行收费经营的便利条件和可能性。基于早建成早收益的国民经济发展目标和出于融资目的，政府主管部门在投资者或经营者的要求之下，有时候在这方面会做出让步和承诺。一定数量范围内，这种让步和承诺在经济评估上是可行的，同时也是可以理解的。

那么，如何控制经营者利用整条公路资源进行收费经营的程度就成为关键。对待这个问题应考虑以下因素。

(1)该路段的收费经营行为不得使整条公路的国民经济评价结果低于标准要求。

(2)由经营者投资所产生的全路线经济评价增量与原路线经济评价值的比值。反映了经营者的社会贡献。

(3)收费路段全部设施的重置成本与全线重置成本的比值。反映了该路段的相对建设成本。

(4)如果经营者以投资该收费路段部分或全部公路设施的建设获得经营权，经营者所建设施的重置成本占整条公路重置成本的比例。反映了经营者的相对投入成本。

(5)如果经营者是以经营权转让方式获取收费路段经营权的，那么，按照转让方和受让方(经营者)达成的经营权价格计算方法，计算整条公路收费经营权益的价值。路段收费经营权价格与整条公路收费经营价值的比值。反映了该路段的相对收益能力。

(6)用经营者所提出的收费标准的计算方法和参数，计算全线应有的收费水平。路段收费价格与全线应有收费水平的比值，反映了该路段的相对定价水平。

上述第一个因素是任何公路收费经营必须遵循的原则。在满足此原则的前提下，路段收费定价应使上述因素中指标(6)处于指标(2)~(5)之间。比值或比例是相对指标，没有量纲。采用比值进行收费经营衡量的原因有三条：

(1)分子与分母的数值计算方法和参数出于同一标准，排除标准不统一产生不可比的可能性；

(2)五个比值的计算因子的实质不同，分别反映了收费路段的社会贡献、建造价值、投入成本、经营价值与经营价格，因子之间没有直接可比性，但比值具有相互衡量比较的意义；

(3)充分考虑了经营者的成本、贡献和权益,使收费定价更合理,也便于衡量定价水平。

收费公路是公共基础设施,其所提供的公路服务具有消费上的不完全竞争性和排他性,是准公共产品。由于其明显的垄断特征和巨大的外部经济效果,完全由市场调节会导致市场失灵,政府必须进行公共规制。从本书的分析结论,我们认为在规制中应注意以下问题。

(1)干线公路企业处于明显的垄断地位,重点在于对它的垄断经营行为的规制,特别是抑制垄断定价。

(2)在收费定价上,同一条公路不同收费路段之间或相连的不同收费公路之间是一种“套牢”的市场关系,在定价上存在矛盾,应采取合理的定价考量方法以限制和降低侵占性经营的强度。

(3)公路具有较高的规模报酬递增特点,交通需求的增长需要时间,公路收费经营在不同阶段的收费收入能力不同,需要政府在不同阶段采取不同的规制对策和方法。

第五节 收费公路站点设置规制

一、关于收费公路设置条件的规制法律法规基础

为了指导收费公路的发展,规范公路收费站(点)设置和收费行为,严格收费公路管理,交通部、财政部和国家物价局于1988年以(88)交公路字28号文发布了《贷款修建高等级公路和大型公路桥梁、隧道收取车辆通行费规定》(以下简称《规定》)。《规定》对收费公路设置条件进行了明确限定,它的颁布实施对中国收费公路的建设和发展起到了重要作用[79]。

但是,收费公路在发展过程中也不可避免地出现了一些问题,主要表现在收费站(点)设置审批管理不严,造成收费站(点)过多过密,严重影响车辆的正常运行,社会反映强烈。为此,上述三部(局)在(88)交公路字28号文件的基础上,又制定了《关于在公路上设置通行费收费站(点)的规定》(交公路发[1994]686号文),文件对收费公路设置条件进行了局部调整,重点提高了平原微丘区一般二级收费公路的设置条件。根据发展形势的需要,为了规范公路经营权转让活动,交通部又于1996年发布实施了《公路经营权转让管理办法》(1996年第9号令),对公路经

营权转让范围作了进一步限定。

1999年,为了做好公路收费站点清理整顿工作,交通部发布了《关于清理整顿公路收费站(点)的实施方案(试行)》(交公路发[1999]9号)。该实施方案对收费公路设置条件进行了全面调整和提高[80]。

在以往发布的文件规定和管理办法的基础上,国务院颁布的《收费公路管理条例》中对收费公路设管条件作了进一步修改和完善。为便于研究比较,现将收费公路设置条件的历次变更情况汇总于表5-2。

收费公路设置条件变更情况汇总表 **表5-2**

相关文件	规定的设置条件
《贷款修建高等级公路和大型公路桥梁、隧道收取车辆通行费规定》	1.桥梁300米以上,隧道500米以上。改渡为桥的,其收费条件可适当放宽到桥长200米。 2.高速公路、里程在10公里以上的一级公路及里程在20公里以上的二级公路
《关于在公路上设置通行费收费站(点)的规定》	1.封闭(包括部分封闭)型的汽车专用公路。平原微丘区超过40公里和山岭重丘区超过20公里的一般二级公路。 2.长度超过300米的公路桥梁。改渡为桥的,可适当放宽到桥长超过200米。长度超过500米的公路隧道
《公路经营权转让管理办法》	40公里四车道以上的公路路段及500米四车道以上独立的大型桥梁、隧道等公路设施车辆通行费的收费权
《关于清理整顿公路收费站(点)的实施方案(试行)》	收费还贷公路 1.一级公路新建连续里程20公里以上或改建连续里程40公里以上; 2.二级公路新建连续里程40公里以上或改建连续里程80公里以上; 3.独立桥梁、隧道长度超过500米。 收费经营公路 1.高速公路连续里程15公里以上; 2.一级公路连续里程60公里以上; 3.独立桥梁、隧道长度超过500米,四车道以上; 4.双车道独立桥梁、隧道长度超过1000米以上
《收费公路管理条例》	1.高速公路连续里程30公里以上。但是,城市市区至本地机场的高速公路除外; 2.一级公路连续里程50公里以上; 3.双车道的独立桥梁、隧道,长度800米以上;四车道的独立桥梁、隧道,长度500米以上; 4.技术等级为二级以下(含二级)的公路不得收费。但是,在国家确定的中西部省、自治区、直辖市建设的二级公路,其连续里程60公里以上的,经依法批准,可以收取车辆通行费

二、影响设置条件的主要因素

现行收费公路管理法规，对收费公路设置条件的限定，主要是公路技术等级和路线长度两项指标，同时兼顾到新改建的不同以及区域间的差别[81]。收费公路设置条件中对公路技术等级和路线长度的限定，目的主要是控制收费公路项目的规模(防止过短)和技术等级(防止过低)，它是收费公路项目立项和获得审批的前提条件。

制定设置条件的目的不是限制收费公路的建设，而是为了保护收费公路健康有序地发展，保持收费公路政策的可持续性。因此，收费公路设置条件既不能过低，也不能过高，应保持适中，有利于收费公路的发展和管理。同时，收费公路设置条件也不应一成不变，应随着环境和条件的变化适时调整，不断满足新形势的要求。因此，要确定一个比较合理、适中的规模，重点应考虑以下几个主要因素。

1. 公路造价与投融资能力

公路建设项目投资大、工期长、收益低，如果单一项目规模过大，首先需要大量的资本金性资金投入，有时，项目由于资本金不充足而无法实施，影响建设进程[82]。其次，即使项目有了足额的资本金，还需要更大规模的贷款，如果项目规模过大，贷款难度相应增加，整个项目的融资，由于其项目规模大而增加难度。

我国公路建设任务艰巨，公路建设资金严重不足，现有建设资金大部分投向国家重点建设项目，而大量的路网改造和一般公路建设任务，主要依靠各级地方政府的积极性，多方筹资建设。在这种情况下，各级地方政府和交通主管部门的投、融资能力普遍较低[83]，因此收费公路项目的规模限制不宜过大，以免再度增加工作难度。

根据数省(市)收费公路调研情况，东、西部地区都普遍反映改建项目一级和二级公路连续里程分别达到60公里和80公里的现行要求过高。虽然改建项目的造价比新建项目低，但得到的补助也少，往往面临更大的资金问题；再则，改建工程一般由基层交通主管部门负责，主要依靠地方政府的积极性和投、融资能力，工作难度并不小。

因此，从投资规模和项目融资角度出发，我们认为无论新建或改建，一、二级公路分别按30公里和40公里作为最低要求，规模已经足够大，可以起到控制作用,不宜再增大规模。

2. 公路建设管理体制与行政区划面积

我国实行的是统一领导、分级管理的公路管理体制。交通部主管全国公路事业,县级以上地方人民政府交通主管部门主管本行政区域内的公路工作。公路建设贯彻"统筹规划、条块结合、分层负责、联合建设"和"地方为主、国家为辅"的总方针[84]。由此可见,无论是公路管理还是建设任务的职责分工,都与我国政体和地方行政区划密不可分。收费公路也不例外,公路法明确赋予了县级以上人民政府交通主管部门利用贷款或者集资建设收费公路的职权。因而,在制定收费公路设置条件时,应充分考虑最低一级人民政府交通主管部门(即县级)行政区划面积的影响,使之适应于我国行政管理体制和行政区划体系,增强可操作性[85]。

根据初步统计计算,我国东、中、西部平均县域面积如表 5-3 所示。数据表明,我国东部地区县均辐射范围在方圆 40 ~ 50 公里,中部地区在 60 ~ 80 公里,西部地区在 80 公里左右。根据县行政区划面积这一单项指标分析,二级收费公路的连续里程,无论新建还是改建,控制在 40 公里左右比较适宜,除东部地区的某些项目会有影响外,基本符合全国大部分县级行政区划的要求。如果里程设置条件控制过长,一个项目将涉及一个以上的行政区域,各地区之间在项目投资、收益、日常规制等问题上容易产生意见分歧而导致项目实施的失败[86]。

平均县行政区划辐射范围 **表 5-3**

地区	面积(万平方公里)	县的数量(个)	县均面积(km^2)	辐射范围(公里)	
				正方形边长	圆的直径
东部	130	659	1970	44.4	50.1
中部	285	718	3970	63.0	71.1
西部	415	681	6090	78.0	88.1

①资料来源:根据《中国统计年鉴》相关数据整理得。

②注:西部未涵盖西藏。

3. 历史经验与实际情况

收费公路在我国已经有十几年的发展历史,探讨其历史发展情况,对于制定合理的收费公路设置条件具有十分重要的意义。根据收费公路统计资料,我国现有收费公路里程分布情况,如表 5-4 所示。

一、二级收费公路项目里程分布比例 表 5-4

里程(公里)	一级收费公路(%)	二级收费公路(%)
20 以下	28.1	23.97
20～30	22.8	25.47
30～40	15.8	11.72
40～50	16.1	20.66
50～60	6.3	7.44
60 以上	10.9	10.74

资料来源:根据《中国交通统计年鉴》、交通部《收费公路报告》。

可见连续里程在 30 公里以下的已建一、二级收费公路项目,分别占一、二级收费公路总数的 51%和 49%左右;里程在 40 公里以下的,分别占总数的 67%和 61%左右;里程在 50 公里以下的,分别占总数的 83%和 82%。一、二级公路均只有不到 11%的项目里程超过 60 公里。虽然历史数据反映的是过去的发展情况,不一定完全正确,但之所以会如此发展,必有其合理性和必然性。它在一定程度上反映了地方公路建设项目的一般规模和投、融资能力,具有一定的代表性,值得参考和斟酌。如果按照拟议中的设置条件(60 公里)来要求,绝大部分现有二级收费公路都不符合项目立项条件。因此,如果不顾实际情况地抬高设置条件,必会影响和制约收费公路的正常发展,进而影响全国公路建设的发展速度。

收费公路的设置条件还必须考虑现实情况,除了上述投、融资能力和行政区划等因素外,还要考虑待建项目的规模分布情况,以防止由于设置条件过高,而使大部分项目不能按收费公路立项建设,被排除在外。以重庆为例,重庆市在其公布的 2000 年投资贸易洽谈会招商项目清单中,列出了 34 个一、二级收费公路项目进行招商(包括新、改建及转让收费权项目),其中项目里程在 40 公里以下的,约占 62%;里程在 50 公里以下的,约占 74%;仅有约 21%的项目里程超过 60 公里[87]。如果按拟议中的设置条件控制,大部分项目将难以实施。

三、制定合理收费站(点)设置条件的考虑因素

公路收费站(点)设置条件是一项关系重大的控制指标,应慎重对待。如果设置间距过短,将起不到控制作用;如果收费站(点)过密、严重影响行车,这一社会反响强烈的问题就得不到解决。相反,如果设置间距过长,通行费漏征和逃费问

题将十分严重,这就直接影响收费期限和还贷能力,影响收费公路的活力,挫伤投资建设收费公路的积极性,最终就会影响收费公路政策目标的实现[88]。

公路收费站(点)设置规定是否合理,受到许多因素的影响,主要包括以下几个方面。

1. 客货平均运距

根据2002年的统计资料分析整理,我国各省公路客、货运输平均运距情况为,我国公路客运平均运距约为45公里。从各省情况来看,仅有辽宁、上海、天津、广西和青海5个省(市、区)的平均客运距离超过60公里;其余省份中,有海南、浙江、湖南、内蒙古、吉林、贵州、重庆、四川8个省(市、区)低于40公里。我国公路货运平均距离比客运稍长,平均运距约为55公里。从各省情况来看,有河北、海南、江西、内蒙古、安徽、广西、河南、青海8个省(区)的平均货运距离超过60公里;其余省份中,有上海、天津、北京、辽宁、黑龙江、吉林、重庆、陕西8个省(市)低于40公里[89]。以上数据表明,现阶段我国公路短途客货运输量占相当比例,在设定公路收费站(点)间距时应予以充分考虑。

因此,从公路客货运输平均运距角度分析,公路收费站(点)的设置间距不宜过长,取各省市平均运距的中间值比较适宜,大约在40公里左右。否则,通行费漏征问题将会比较严重[90]。

此外,以上数据还显示了另一个问题,就是公路的平均运距与地域特点并无必然联系,而与经济发展水平有一定关系。西部的贵州、四川和重庆的客运平均距离仅为30公里,而地广人稀的青海、宁夏、甘肃等省的客运平均距离也仅与辽宁、江苏等东部持平。货运也基本如此。这一现象说明,公路使用者的出行距离与地区经济发展和地域特点相关,因此,在收费站(点)设置里程上,不能仅考虑西部地广人稀的特点,还要考虑经济不发达造成的运距较低等特点,不宜提高西部地区的设置最短里程[91]。

2. 干线路网主要控制点间距离

干线路网沿线的主要控制点是公路客货运输的重要集散地,主要控制点的距离应是制定公路收费站(点)间距规定的重要依据:我们选择了有代表性的、贯穿我国东、中、西部的312、318和107三条国道进行了分折,对主要控制点间的距离分段、分地区进行了统计整理,结果如表5-5所示。计算结果显示,除西北地区以外，全国其余地区国道主要控制点间的距离分布情况大体一致。东部地区主要控制点间的距离约有77%在40公里以内，约有93%在60公里以内；中部地区约有58%在40公里以内，约有72%在60公里以内；西南地区约有71%在40公里以内，约有86%在60公里以内。西北地区与其他地区情况相反，60公里以上的约占70%，40公里以内的仅约占20%，这主要是由西北地区特殊的地理环境因素造成的。

部分国道路段里程分地区统计　　表5-5

国道	东部地区（北京、河北、上海、江苏）					
	30公里以下	30～40公里	40～60公里	60～80公里	80公里以上	总计（个）
G107	17	2	3	2	1	25
G312	4	3	1	0	1	9
G318	6	2	1	1	0	10
总计（个）	27	7	5	3	2	44
比例（%）	61.4	15.9	15.9	6.8	4.5	
国道	中部地区（河南、湖北、湖南、安徽）					
	30公里以下	30～40公里	40～60公里	60～80公里	80公里以上	总计（个）
G107	14	6	5	3	6	34
G312	4	2	6	5	1	18
G318	25	5	8	5	1	44
总计（个）	43	13	19	13	8	96
比例（%）	44.8	13.5	13.5	13.5	8.3	
国道	西北地区（陕西、甘肃、新疆）					
	30公里以下	30～40公里	40～60公里	60～80公里	80公里以上	总计（个）
G107						
G312	4	2	3	5	16	30
G318						
总计（个）	4	2	3	5	16	30
比例（%）	13.3	6.7	6.7	16.7	53.3	
G107						
G312						
G318	20	5	4	3	3	35
总计（个）	20	5	4	3	3	35
比例（%）	57.1	14.3	14.3	8.6	8.6	

资料来源：《中国交通统计年鉴》、交通部《收费公路报告》。

根据上述分析,大部分国道沿线主要控制点间的距离小于40公里,这一结果对于公路收费站(点)间距的设置规定具有重要参考意义。今后,随着路网的不断建设和完善,路网密度还会增加,路网节点也会加密,收费站(点)间距过长,势必产生更加多的绕路逃费现象[92],造成不必要的浪费和国民经济效益的损失,与修路降低运行成本、产生国民经济效益的初衷背道而驰。因此,从干线公路节点的角度出发,结合今后的路网建设情况,目前收费站(点)间距的设置条件是基本合理的。

3. 通行费的合理负担问题

目前通行费一般是根据车型的不同,以每车公里收费标准乘以行驶里程来确定[93]。在开放式收费形式下,如果收费站(点)间距过长,短途交通的通行费负担会大大增加,造成不良影响和不公现象。例如,假设按60公里间距设置收费站和收取通行费,对行驶距离在30公里左右的车辆来讲,就会多负担约一倍的通行费,产生严重不公平现象,由此也会引发抵触交费的不满情绪,容易产生纠纷。我国目前公路客、货运输平均运距较短,存在大量短途运输,因此,从合理负担通行费角度考虑,收费站(点)的间距设置要认真考虑和对待[93]。

4. 收费/还贷年限问题

收费/还贷年限的长短,取决于交通量和项目造价的大小。如果收费站(点)间距过大,每一收费站所承担的还贷任务将十分繁重[94]。更不利的是,对于开放式收费系统来讲,收费站(点)间距过大,则意味着不可避免地会出现严重漏征和逃费现象。上述两项不利因素加在一起,将严重影响收费公路的还贷能力,结果要么被迫延长收费年限,要么无法在规定收费期限内偿还贷款,形成不良债务,并加大了收费公路的运营成本,降低了收费效率[95]。

四、结论与建议

对于开放式收费系统来讲,如果收费站(点)间距过长,会产生大量的通行费漏征和逃费现象,该收的收不上来。但如果收费站(点)间距过短,则会引起站(点)过密而影响交通,最终导致社会不满等问题。因此,应充分权衡各方面关系,制定一个切合实际的最小间距规定。根据上述几项影响因素的分析结果,对于开放式收费公路,收费站(点)设置最小间距控制在40公里左右比较适中。根据最近收费公路研究资料，我国已建开放式收费公路收费站（点）的平均间距约为30公里左右。即使按上述建议将最小间距调整到40公里，与现状平均间距只有30公里相比，已经前进了一大步，现有收费站（点）的清理整顿工作将十分繁重。如果能够切实贯彻实施，公路收费站（点）的平均间距估计将会提高50%以上，一般收费公路站（点）过密问题会有显著改善。

第六节　本章小结

本章对中国收费公路规制的目标内容等方面进行分析，重点论述了收费价格规制和站（点）设置规制两个方面，得出的主要结论如下。

（1）本章得出收费公路规制改革目标的总体目标和详细目标。

（2）目前收费公路的市场结构是政府机构、集团公司和特许机构，在这样的市场结构下，实现有效竞争的目标。

（3）分析收费公路生产和消费的外部效果，解析了干线公路的市场结构，从而得出了收费公路的规制内容、垄断、价格和服务。

（4）辨析了利润最大化价格、效率定价和次佳定价，在此基础上提出了不同经营阶段、独立路段和相连路段的收费价格规制。

（5）总结了收费站（点）设置的法律规定，分析了影响设置的主要因素，结合我国的实际情况，提出了合理的站（点）设置间距。

第六章 中国收费公路规制改革的政策建议

本章总结前文所有的理论和实证结论，首先明确收费公路管理体制改革的原则和要求，这是保证各项政策建议顺利实施的关键；随后规制改革的现状，提出了规制改革的原则、要求、政策建议。

第一节 中国收费公路管理体制改革的原则和要求

一、中国收费公路管理体制改革的基本原则

1. 统一领导原则

对收费公路实行一个部门的统一领导，有利于收费公路的有序发展，有利于收费公路与不收费公路的协调发展，有利于收费公路管理的不同层次、不同部门之间得以协调有序运转，符合公路的系统性和受益的不易分割性特点[96]。交通部是全国公路规划、建设、养护、经营和管理的部门，因此，全国收费公路的管理应统一由交通部负责。

2. 分级管理原则

我国公路建设从筹资到建设再到管理，主要依靠地方。收费公路的路政、收费、养护及服务管理更是一种经常性的、具体的、繁杂的活动，不可能只由一个层级管理。而且，今后收费公路逐渐以高速公路为主，多分布在国道上，管理主要在省级，经营也趋向规模化，所以在管理上不宜按行政区划层层分权，而具体的经营决策权应交给运营公司。

3. 分类管理原则

中国收费公路中,政府投资为主的收费还贷型公路和以私人投资为主的收费经营型收费公路,无论在资金来源还是投资目的上都存在很大差异。还贷型收费公路是以实现政府目标为主要目的,而经营型收费公路则以取得盈利为投资目的[98],因此,在管理上应继续实行分类管理,区别对待。

4. 以法律为依据原则

对收费公路进行管理必须要以法律为依据,这是社会主义市场经济的客观要求。管理的主体和客体之间的关系、管理的规则和管理的具体内容,都要求有相关的法律法规为依据,并用法律作为评判的唯一标准。

5. 精简高效原则

收费公路作为"准公共产品"要求在管理中既要讲社会效益,也要重视经济效益。为此,应当着力提高收费公路管理要素配置的合理性,由一个部门可以管理好的,就不应再设两个甚至更多部门统管;可以由一支执法队伍实行综合执法管理的,就不应再由多家分头执法;必须由两家共管的,一定划分清职责范围,提高管理的效率。

6. 政企分开原则

政企分开,是指将政府与企业的职责分开,政府不参与收费公路企业具体的运营管理,而收费公路企业不能代表政府行使某些权力[99]。具体来讲,收费公路作为政府部分利用社会资金,为社会提供的基础性产品,是与竞争性产品有所不同的,我们应当从这一具体的产业特点出发,科学界定收费公路管理中,政府与企业各自的职能及活动边界。把经营职责交给经营机构(政府特许的事业或企业),把行政管理职能集中于交通主管部门,具体的行政管理可以通过授权或委托交给政府特许的事业型或国有独资、国有控股的经营机构。事业型收费还贷公路的管理机构也应实行企业化管理,收费公路的用户或服务也可以通过招标,交给社会的企业经营。

二、中国收费公路管理体制改革的基本要求

中国收费公路的出现及迅速发展是独具中国特色的。因此,中国收费公路的特性决定其对中国收费公路管理体制有其不同于国外一般情况的要求,具体有如

下四个方面。

(1)在收费公路投资中,各级政府投资为主的特点,决定收费公路不是一个单纯的企业而是一个准政府企业,故要求建立一个适应于准政府企业的管理体制[100]。

(2)收费公路的社会效益优先于经济效益的特点,决定收费公路的建设应按照政府的规划而不是按企业的计划进行[101],故要求建立一个保证首先实现政府目标的管理体制。

(3)收费公路具有一定经济效益的特点,决定了收费公路在一定的政策扶持下可以自身经营、滚动发展,故应建立一个有利于企业经营的管理体制。

(4)收费公路投资大、回收期长、后期收益稳定增长的特点,决定了其具有交叉补贴、集中经营、以肥补瘦的特点[102],故要求建立一个集中统一、优质高效的管理体制。

综上所述,适于中国收费公路特点的管理模式应是:在各地建立一个准政府企业,统一经营管理该区域内的所有包含政府投资的收费公路,享受国家对基础设施的优惠政策,接受国家的行业管理,优先实现社会发展目标,并使企业处于良好经营状态。纯私人经营的收费公路在我国目前资金紧缺的情况下,还应受到政府的支持与鼓励,但就目前我国交通量发展的水平看,适于私人经营的收费公路项目并不很多。

第二节　收费公路规制体制改制的现状及其目标

一、当前中国收费公路改制情况

我国的收费公路管理体制随着社会体制的改革也一直处于变化之中,根据收费公路在管理中出现的问题,各地在收费公路管理体制改革中逐步出现以下两种趋势。

1. 管理体制趋向集中化

经过若干年的管理实践,部分省份出现管理集中化趋势。对高等级收费公路实行以优良资产为依托,进行资产重组,实行股份制改造,把高等级公路管理局整体改制为国有独资企业性质的高速公路控股(集团)有限公司;普通等级收费公路,开始收回下放的管理权力,由公路局进行统一管理,做到统一核定编制、统一制定计划、统一票证管理、统一资金使用、统一费用开支标准等[103]。实行改革的省份逐渐增加,集中统一管理的趋势逐步加强。

2. 经营模式趋向规模化

具体的经营模式趋向规模化经营趋势,尤其是对集中管理的还贷型收费公路的经营,规模化趋势逐渐明朗。首先从贷款上开始实行省一级的统贷统支,总体评估,共同担保,用效益好的项目带动项目效益差的项目,弥补欠发达地区经济效益不好项目的贷款难和还贷难的问题。各省普遍通过建立"借贷平衡基金",实现政府规模经营的目的[104]。基金用于偿还在清理整顿收费中被撤销的收费站遗留债务和对贫困地区收费站的还贷补助,效果较好。但是当前的改制工作也存在着以下三个方面的问题。

(1)改制工作涉及既得利益者的利益再分配,因此进展缓慢,极不适应加快公路建设的局面。

(2)各省要对全省收费公路进行统管,来自地方政府的阻力较大,还有许多债务债权问题不易解决,需通过行政手段或依靠制定相关法规条例来实行。

(3)由于大部分省份的收费公路分两条线管理,省级管理部门分别归属于高管局和公路局,改制工作各自进行,建设规划不统一,重复建设严重,行业内竞争日趋激烈。

总之,要解决收费公路管理中出现的各种问题,必须要从交通部宏观管理入手,对收费公路管理体制进行深度改革,明确改革目标,统一改革思路,建立适应社会主义市场经济要求的收费公路管理体制。

二、中国收费公路改制的目标

收费公路一般有三项政策目标:一是筹集公路建设资金,减轻政府财政负担,加快公路建设速度;二是引入市场机制,提高建设和管理效率,降低成本,改善服务;三是将收费作为调控交通出行的经济手段,以缓解交通拥挤。我国现阶段收费公路所追求的政策目标主要是上述第一、二项目标,将来随着交通量的发展,也可能追求第三项目标。

1. 制定总体布局规划

政府首先应该承担收费公路的发展前景预测和总体布局规划,制定收费公路的中、长期规划,消除市场机制的盲目性,提高收费公路的投资效率。在完全市场经济条件下,中央政府简单依靠命令地方政府执行国家的总体布局规划的做法是难以有成效的,因此,必须建立一种激励机制和约束机制,提高中央政府协调收费公路投资的能力,例如,适当保留重大收费公路项目审批权,对符合国家规划的基础设施建设项目给予资金补助等。

对于不符合国家基础设施中、长期发展规划,而且必然导致重复投资和恶性竞争的基础设施项目,政府应该及时制止。在投资体制改革尚未完成之前,过多下放投资决策权容易造成重复投资。

2. 发挥市场机制作用

对于符合国家基础设施中、长期发展规划的项目,应尽可能地吸引民间资本参与其中,让市场机制充分发挥作用。其中,经济效益好的基础设施项目,比较容易吸引到民间资本的参与[105]。无利可图的项目也可以通过良好的制度设计,吸引民间资本。在国际上,一个经常使用的方法是提供一定期限的经营特许权,并确定服务价格。期限与价格的组合,可以使民间投资得到适当的利润。对于投资收益不足以吸引民间资本参与的基础设施项目,政府可以通过多种方式提高投资回报率。比较简单的做法是延长特许期限和提高收费水平[106]。而对于确实无利可图的纯公益性基础设施项目,政府可以综合采用减免税、资产补偿和财政补贴等方式吸引民间资本的参与。

3. 实施必要的规制

政府必须对具有自然垄断性的基础设施实施必要的规制,防止垄断者滥用垄断权利损害消费者权益。例如对价格和经营期及服务质量的监管,就是政府必须要做的。

政府在基础设施中的规制和必要的干预一般可以通过如下五种方式实现:

(1)控制项目审批权;

(2)直接提供资金;

(3)提供政府担保;

(4)进行税收激励;

(5)对投资、运营的监管等。

这些监管的方式就是政府管理基础设施的主要方式和手段。同时,健全的法律基础和有效的运行机制，也就是我们说的管理体制，是实现政府管理目标的基础条件。

第三节　收费公路管理体制改革的设想

一、继续坚持并改革完善收费还贷与收费经营分类管理模式

收费还贷与收费经营分类管理模式在我国已经实施多年，虽然存在这样那样的问题，但就分类来讲是基本合理的，实践证明也是可行的，应该继续坚持。主要考虑如下五个方面的因素。

(1)两种类型的收费性质不同，符合分类管理的原则。收费还贷公路的行为主体是公共部门，属公共投资行为，不以盈利为目的，按照行政事业收费性质管理；收费经营公路的行为主体是市场经济实体，属特许商业投资行为，以盈利为目的，按照公用事业特许经营收费性质管理。两类性质有本质的区别，分类管理是实际需要。

(2)两种类型相互补充，是成功实施收费公路政策不可或缺的组成部分。如前所述，收费还贷公路的性质决定了其自身优势和特长，它对项目条件、要求比收费经营公路宽松，使“贷款修路，收费还贷”政策的应用范围更加宽广，增强了收费公路政策的实际效能，更有利于政府公共目标的实现。而收费经营公路以项目的预期收益为前提，以盈利为目的，对项目条件要求较高，投资人并不会自动顾及政府的公共目标。如果没有收费还贷型收费公路，许多项目将难以利用收费公路政策筹集建设资金，从而使我国公路建设受到严重影响。现有收费还贷型收费公路占总规模的3/4的数据也说明了这一点。收费还贷公路的这一作用，是后者难以替代的，尤其在西部贫困地区作用更大。

(3)收费还贷公路的主要问题，通过采取集中管理、统贷统还的管理模式可以基本上得到解决[106]。许多省市已经总结经验，逐步推广省级集中管理方式，并形成了一整套切实可行的办法，消除和避免了许多原有问题和弊端，对改革和完善收费还贷公路的管理模式推动很大。

(4)将收费还贷型收费公路完全推向市场，依靠市场机制进行管理是与收费公路的基本属性相违背的，不但不能解决现阶段出现的问题，反而堵死了它的发

展空间，不利于收费公路的发展。大多数收费还贷公路并不具备参与市场竞争的条件，如果强行企业化，将所有收费公路都推向市场，必将带来许多问题[108]。

(5)收费还贷公路任务繁重，大有可为。我国公路建设任务还很艰巨，尤其是资金短缺情况并无好转。但效益好的项目大部分已经建成或即将建成，公路建设面临的将是更加困难的建设任务，特别是西部大开发建设任务繁重。真正适合国内外经济实体投资建设的新项目越来越少，大量项目更适合于公共部门以收费还贷形式进行建设。因此，收费还贷公路在新一轮的公路建设中负有不可推卸的历史责任和义务。

二、对收费公路实行统一规划、集中管理

对收费公路实行统一规划、集中管理，体现统一领导的原则。目前收费公路管理体制混乱，存在许多问题，如隶属关系混乱，政、事、企不分，政出多门，机构重叠，职责交叉，人员超编等。因此，应从管理体制上彻底改变过去收费公路发展的粗放无序、多头管理状况，由省级公路主管部门统一规划、集中管理，切实确立和加强交通和公路主管部门的行业主管地位。其具体措施如下：按照《公路法》和《收费公路规定》的规定，每一级政府设立一个公路管理机构，省级公路管理机构应采取一厅一局制，即省公路局在省交通厅领导下，行使本省公路的规划、建设、养护、路政等有关行政管理职能，撤销高等级公路管理局、路政局、收费局等重叠机构。

收费公路，无论是收费还贷型还是收费经营型，都应纳入整个路网的一体化管理体制中，实施规划、建设、管理的省级公路主管部门一元化领导，不宜将收费公路管理体制下放至地方政府部门。收费还贷公路宜由省级公路主管部门统管、统贷、统还，并逐步创造条件，向公益集团方向发展，实现管理机制和管理模式的变革。同时，应鼓励和引导收费经营型收费公路的发展，实行规模经营。

全国应制定统一的收费公路统计报表格式和报表制度，健全行业管理制度，全面反映收费公路的实际情况和问题，并由各省建立收费公路管理数据库，逐步实现收费公路的动态监管，为收费公路规划、管理和政策调整提供及时、可靠的基础资料。

三、健全法规，建立特许经营机制，约束、规范市场行为

面对当前收费公路发展中存在的许多问题，当务之急是健全法规，使收费公

路发展的每个环节都处于法规的严密约束之下，形成依法收费和依法管理的法制化管理体制。主要建议有如下四个方面。

(1)应把收费公路作为一项长期发展战略，抓紧研究确立收费公路法规框架体系，并以此为指导，逐步发展完善各项法规。法规建设也应有规划，以保证各项法规的连续性和系统性。

(2)应积极研究制定我国公路特许经营管理制度。建立收费公路特许经营机制，是公路基础性、公共性和自然垄断特征的要求，也是政府利用社会力量和市场机制解决基础设施建设的重要途径。建立特许经营机制，能够确保收费公路项目商品性和公共性的结合与统一，在维护公共利益的同时，充分发挥市场机制的作用[109]。特许经营是由特殊法律、法规许可某一机构，或经济实体经营某项事业并授予相应权力的一种方式。特许经营机构主要依据这些专门法律、法规从事经营活动，在一般款项上也受《公司法》的约束[110]。公路特许经营机构以公路建设、运营为主业，其经营活动直接影响公路交通及其对社会的服务，因而应由交通主管部门为主体进行管理。收费公路特许经营机构接受交通主管部门和公路管理机构依法履行的行政管理，按规定履行应承担的公共义务，如提供统计资料、接受监管等。通过专门法律、法规授权，也可以由特许经营机构行使部分具体行政管理职责。

(3)建立健全中国收费公路的法规体系，首先应对现有收费公路的有关政策法规，包括中央和地方法规，进行认真清理和调查研究，按照社会主义市场经济体制的要求不断完善。法规体系和监管体制的建设重点应放在收费公路的规划、市场准入、行为准则、收费价格管制、收支、监管等方面。全国应制定统一的收费公路财务管理和审计制度，并由各省制定财务管理及会计核算办法，规范收费公路的财务会计工作。

(4)收费还贷公路实行省级统一管理。根据对现状问题的分析和近年各地收费公路发展管理经验，收费还贷公路应建立省交通厅归口、省公路局统管、分级实施的管理机制。具体措施如下：省厅统一规划收费公路建设、站点设置、资金来源，并负责收费站审批和法规制度建设。监制收费票据，即省公路局对全省收费还贷公路实行统一管理，具体做到统一收费票据制作、领发和管理：统一财务管理和会计核算：统一审批收费站收支计划、人员编制、监督收费还贷。各地市公路主管部门在省公路局的统一领导下，负责收费还贷公路项目的具体实施，实行收费、养护、路政、人员的统一管理。

四、收费公路经营机构应不同于一般企业

如上所述，收费公路是公共基础设施，具有强烈的社会性和公共性，不同于一般产品或服务。因此，对于收费公路经营主体的管理，不能完全套用一般市场经济活动的法规，应制定特殊的政策和法规体系，既能体现其经营性，又能体现其特殊的经济属性和特点，主要有以下三点。

(1)收费公路经营机构与一般工商企业有很大不同。由政府设立的收费公路特许经营机构，主要是为经济和社会发展提供必要的公路基础设施，不以盈利为主要目的，其机构性质是具有经营职责的"准事业"机构或"准企业"单位。大部分中央和省市、区政府设立的收费公路公司（开发集团）都属于这一类，国外情况也类似，如日本道路公团、意大利和法国高速公路公司等[111]。另一种是非国有独资、合资机构和外资企业经营者，一般由政府特许准入。他们以盈利为主要目的，但要经过特许对其盈利方式、服务价格和盈利水平加以监管，使经营者在提供公共服务的同时获得合理投资回报，并且不损害社会公共利益。

(2)收费公路经营机构在价格、财务和行为方面接受行业主管部门的严格监管。

(3)通过特许法律、法规的授权，收费公路特许经营机构可以行使部分具体行政管理职责、享受包括税收在内的政策优惠，并允许和便利其在国内外资本市场的融资，例如国外普遍对收费公路经营机构实行税收减免政策，有的还提供贷款担保。

五、组建省级集团公司经营管理收费公路

应改变目前中国收费公路普遍采用的"一路一公司"或"一路一单位"的组织形式，按照现代企业制度的要求，本着"精简、高效、统一"的原则，通过兼并、重组等手段组建国有性质的省级收费公路发展集团公司，实现省级范围的收费公路统筹管理、平衡还贷，以形成优势互补、规模经营、滚动发展的良性循环局面。组建集团公司有以下四个方面的优点。

(1)规模经营有利于提高集团公司的资信等级，降低融资成本，并有能力选用

各种金融工具，如贷款、债券、股票等。

(2)规模经营有利于实现交叉补贴、平衡还贷，降低经营风险。由于公路具有投资大、工期长、初期收益小的特点，对于单一项目，经营初期往往出现债务危机，甚至造成资金的恶性循环，而后期则经济效益好转，往往会有盈余，单一经营很难操作。通过规模经营，可以做到统筹安排、平衡还贷，以进入经营后期项目的盈余来补贴初始项目的亏空，达到经营上的滚动发展和良性循环。

(3)规模经营有利于宏观调控和一般公路建设。对于进入良性循环期的集团公司，可以通过政策或经济手段，将其盈余引导到其他一般路网和农村公路项目的建设中，形成以路建路、以收费公路带一般公路的联合发展机制。

(4)规模经营有利于技术进步。收费公路主要集中在高速和一级公路上，拥有许多现代化的设施和设备，如监控、通信、收费、养护管理等，具有技术密集型的特点，要求统一、高效、兼容、共享、可靠。“一路一公司”的经营模式形成管理和技术上的分段割据，显然不利于技术进步，特别是阻碍了“一票通”、“一卡通”和不停车收费系统的实施[112]。与分散经营相比，规模经营不仅在管理体制上克服了单一经营的弊端，在经济实力上也更具优势，从而可以促进技术进步，提高经营效率。集团公司的任务是根据公路建设规划，负责收费公路的资金筹集、建设管理、收费还贷、维修养护以及其他经营管理，集团公司接受省级公路主管部门的行业管理。根据国外经验，不管政府是否投资，都应从法规上明确政府交通主管部门对集团公司的控股地位，实施政府对集团公司的间接或直接管理[113]。收费公路的路政管理职责，由省级公路主管部门行使。交通安全管理应尽量与集团公司实现一体化、内部化。政府应在融资、税收、征地拆迁等方面给予集团公司适当的扶持和优惠政策。

六、制定倾斜政策扶持中、西部地区公路建设及收费公路的发展

(1)我国各地区收费公路的发展极不平衡，各地对此项政策的利用程度存在着较大的差异，收费公路政策能够解决的资金量和政策实施的效果也十分不同。目前，收费公路的发展空间和潜力在东、中、西部呈递减状态。因此，全国不宜采用统一的收费公路政策目标和设置条件。

(2)东部地区的发展和管理重点向高速和一级公路转移，原则上不再新增二

级收费公路规模。国家对东部地区的支持应主要以提供政策为主,引导该地区的收费公路进入自我发展的良性循环。

(3)中、西部地区在一定时期内仍可适度发展二级收费公路,政府对收费公路提供政策和资金的双方面支持。在发展新的二级收费公路时,要以效益和管理并重,二级收费公路的设置权限收回到省级交通主管部门,实行“统贷统还”的筹资和管理方式。

(4)加大政府对中、西部地区公路建设的投资力度,加大收费公路资本金投入比例,同时制定切实可行的优惠政策,扶持中、西部公路发展。

第四节　本章小结

本章是前文分析的必然结果,得出的主要结论如下。

(1)政府管理体制改革的原则,是统一领导、分级管理、分类管理、以法律为依据、精简高效和政企分开。

(2)管理体制改革的要求,是准政府企业的体制、政府目标优先、要有利于企业经营和集中统一、优质高效。

(3)目前的改制情况,是管理体制上趋向集中化、经营模式上趋向规模化。

(4)未来的改制目标,是制定总体布局规划、发挥市场机制作用和实施必要的规制。

(5)未来的管理体制改革设想,包括坚持完善两类管理模式、坚持统一规划、集中管理、建立特许经营机制、组建不同于一般企业的省级集团公司、扶持中、西部地区收费公路发展。

本书结论

本书运用公共经济学、规制和竞争理论,从中国收费公路的实际出发,解释了收费公路的准公共产品性质,市场和政府以及混合提供的理论可能,明确了收费公路规制的模式,阐述了市场准入的方式、收费价格规制的方法和站点设置的合理化建议,结合操作层面的案例,最后给出了政府规制改革的政策建议。

主要的结论如下。

(1)理论上得出收费公路的产品属性——准公共性,对其特点进行了解析,论证了市场提供准公共产品的理论基础,得出了规制与竞争理论的演进逻辑,基于此提出了收费公路的两类规制模式。

(2)实证方面划分了收费公路发展的三个阶段,得出了现阶段处于规范治理的探索阶段,将中国收费公路的发展归结为七大方面问题:发展规模方面、收费站(点)设置方面、收费标准方面、管理体制方面、经营模式方面、管理手段与方式方面和债务负担方面,从而确立了本书的两大研究主题:市场准入和收费规制改革。

(3)解决市场准入方面,提出了还贷型的"统还统贷"模式和经营型的"特许经营模式",对收费公路市场准入主体资格的条件、审批程序和动态管理进行了细致的研究。

(4)基于制度变迁理论归纳了收费公路制度变迁的三阶段逻辑。从收费公路的供给入手,明确政府也是市场准入的主体,政府的准入既有优势也有劣势。

(5)解析了中国收费公路的市场结构是政府机构、集团公司和特许机构,提出了以有效竞争为目标。

(6)在收费价格上辨析了利润最大化价格、效率定价和次佳定价,在此基础上提出了不同经营阶段、独立路段和相连路段的收费价格规制,结合我国的实际情况，提出了合理的收费站(点)设置间距。

(7)明确得出了我国政府管理体制改革的原则，是统一领导、分级管理、分类管理、以法律为依据、精简高效和政企分开。对未来的管理体制改革进行了设想：包括坚持完善两类管理模式、坚持统一规划、集中管理、建立特许经营机制、组建不同于一般企业的省级集团公司、扶持中、西部地区收费公路发展。

需进一步研究的有如下问题。

政府规制收费公路体制的成本和收益，是关乎管理体制改革的主要衡量标准，但是这种成本和效益的估算一直是规制经济学的难点问题。

虽然理论上可以得出市场准入规模的大小，但是这在实证方面是异常困难的，而且这方面的结论对我国确认收费公路的规模更具现实意义。

由于缺乏更详尽的数据，本书还无法完成具体的我国收费价格和收费站(点)设置的具体规定，这显然更有待于官方数据的完备，是个可以深入的方向。

《收费公路管理条例》的出台，标志着收费公路已经作为公路发展的一项长期政策确定下来。本书从公共、规制经济视角论述收费公路，期以此为开端，为收费公路未来的政府规制带来启示。

参考文献

[1] 孙婧.亮出你的观点和理性空间.中国公路.2004,(1):14-15.

[2] 宗刚.交通基础设施建设中的公共经济学分析:[北京交通大学博士论文].1999:20-23.

[3] 王惠臣.论运输管制——公共性与企业性的悖论.北京:高等教育出版社,1997:5-7.

[4] Goldin. Kenneth D. Equal Access vs. Selective Access: *A Critique of Public Goods Theory*. Public Choice. 1977,(29):53-71.

[5] Schmidtz. David. *Contracts and Public Goods*. Harvard Journal of Law and Public Policy. 1987,(10):475-503.

[6] Schmidtz. David. *The limits of Government*. West View Press. 1991:131-142.

[7] Demsetz. Harold. *The Private Production of Public Goods*. Journal of Law and Economics. 1970,(13):293-306.

[8] Buchanan. James. *The Demand and Supply of Public Goods*. Chicago: Rand Mcnally. 1968:193-206.

[9] Samuelson. Paul A. *Contrast Between Welfare Conditions for Joint Supply and for Public Goods*?. Rev. Econ. & Sat. 1969,(26):51-63.

[10] Demsetz. Harold. *The Exchange and Enforcement of Property Rights*. Journal of Law and Economics. 1964(7):11-26.

[11] Kahn, A. E. (1970). *The Economics of Regulation*: *Principles and Institutions*, New York: Wiley: 2-6.

[12] Loeb and Magat. (1979). *A Decentralized Method for Utility Regulation*, Journal of Law and Economics, Vol. 22,:399-404.

[13] Baron and Myerson.(1982). *Regulating a Monopolist with Unknown Costs*, Econometrica, Vol.50, No.4, :911-930.

[14] Laffont and Tirole.(1986). *Using Cost Observation to Regulate Firms*, Journal of Political Economy, Vol.94, No.3, pp.614-641.

[15] G.J. Stigler. *The Theory of Economic Regulation*. Bell Journal of Economics. 1971, (2):3-21.

[16] S. Peltzman. Towards. *A More General Theory of Regulation*. Journal of Law and Economic. 1976(19):211-240.

[17] G.S. Becker. *A Theory of Competition among Pressure Groups for Political Influence*. Qarterly Journal of Economics. 1983, (8):98.

[18] W.J. Baumol, E.E. Bailey and R.D. Willig. *Weak Invisible Head Theorems on the Sustainability of Price in A Multiproduct Monopolly*. American Economic Review. 1977, (67):350-365.

[19] W.J. Baumol, J. Panzar and R.D. Willig. *Contestable Market and the Theory of Industry Structure*. Harcourt Brace Jovanovich. 1982:298.

[20] Harold Demsetz. *Why Regulate Utilities?* Journal of Law and Economics. 1968, (11): 55-65.

[21] Baumol and Blinder. *Economics-Principles and Policy*. NewYork: Dryden Press. 1997: 35-36.

[22] S. Littlechild. *Economic Regulation of Privatised Water Authorities*. London: HMSO. 1986:21-32.

[23] Friedman. *Microeconomic Policy Analysis*. New York: McGraw-hill inc., 1984.

[24] 于立,肖立志.自然垄断产业规制体制改革的国际比较.全国制度变迁模式比较学术研讨会.2001,(9):21-32.

[25] 李晓明,胡长顺,曹军念.收费公路经营及政府公共管制的理论与方法.中国软科学.2003,(6):134-142.

[26] 李在峰.中国收费公路现状、问题及控管措施.广西市场与价格.2002,(7):13-16.

[27] 马国孝,周国光等.吐鲁番—乌鲁木齐—大横山汽车专用公路收费研究报告

课题报告.1998:9-12.

[28] 张彪.收费公路存在的问题及规范管理的对策.交通财会.2003,(8):12-16.

[29] 张冬生.中国收费公路管理问题及改革建议.综合运输.2004,(7):55-58.

[30] http://www.hnzs.gov.cn/information/view.php? id=1247.

[31] 张宝胜.美国收费公路的发展.中外公路.2003,(6):92-94.

[32] 王守舟,赵中锋.美国的收费公路.国外公路.1995,(10):17-21.

[33] Florian M. and Gaudry M. *Transportation Systems Analysis: Illustrations and Extensions of A Conceptual Framework*. Transportation Research. 1983,(2):101-103.

[34] Forkenbrock D.J. and Forster N.S.J. *Economie Benefits of A Corridor Highway Investmerit*. Transportation Research. 1990,(4):21.

[35] Beckman M., McGuke M. and Winsten C.B. *Studies in the Economics of Transportation*. Yale University Press. 1986:143-151.

[36] 魏振富.对中国收费公路市场融资的探讨.湖南交通科技.2003,(1):97-98.

[37] Kenneth D Boyer. *Principles of Transportation Economics*. New York: Addison Wesley Longrnan, Inc. 1997:33-46.

[38] John R Meyer. *The Economics of Competition in the Transportation Industries*. Harvard University Press, 1958:101-231.

[39] 荣朝和.关于运输业规模经济和范围经济问题的探讨.中国铁道科学.2001,(4):24-25.

[40] 荣朝和,高宏伟.运输业规模经济计量方法的探讨.北京交通大学学报.1999,(3):11-14.

[41] 金正富,等.中国收费道路系统研究课题报告.1990:15-18.

[42] 黄海波.放松管制后的管制——以电信业为例的经济分析:[北京交通大学博士论文].2001:5-9.

[43] 郑捷奋,刘洪玉.中国收费公路的民营化.公路交通科技.2003,(4):112-116.

[44] 徐海成.公路商品属性的问题研究.经济问题.2000,(2):9-11.

[45] Else P.K. *No Entry for Congestion Taxes?* Transportation Research. 1986,(2):7-23.

[46] 戴东昌,徐丽,马骏.收费公路融资之道.中国公路.2002,(14):2-5.

[47] US Department of Transportation, Bureau of Transportation Statistics. *Transportation*

Statistics Annual Report.2000:176-205.

[48] 谭涛樵.高等级公路管理.北京:中国建筑工业出版社,1992.

[49] 国家发改委宏观经济研究院课题组.高等级公路收费与融资问题研究.经济研究参考.2004,(5):22.

[50] Armstrong-Wright A.T. *Road User Restraint: Opportunities and Constraints in Developing Countries*. Transportation Research, 1986, (1)20.

[51] 周宪华.公路网规划与设置.北京:人民交通出版社,1995.

[52] 余晖等.中国基础设施产业政府监管体制改革总体框架研究报告.2001:74-85.

[53] 张光远.收费公路市场结构与定价机制研究.中国物价.2004,(8):3-10.

[54] Fernandesx J.E.L. *Equilibrium Predictions in Transportation Markets*: Tb State of the Art. Transportation Research. 1983, (2): 27-28.

[55] 杨佩昆,等.交通管理与控制.北京:人民交通出版社,1995.

[56] Bruzelius N. *Microeconomic Theory and Generalised Cost*. Transportation. 1980, (3): 58-59.

[57] Blandikas A.K. and Crowell W.H. *Priding Options for Urban Transportation Models*. Transportation Research Record 1012. 1985: 43.

[58] Button K.J. and Pearman A.D. *Road Pricing-Some of the More Neglected Theoretical and Policy Implications*. Transportation Planning and Technology. 1983, (1): 6-11.

[59] Borins S.F. *Electronic Road Pricing: An Idea Whose Time May Never Come Transportation Research*. 1988, (22): 74-99.

[60] Baumol. W.J. and Bradford D. *Opti ~ Departures from Marginal Cost Pricing*. Amencan Economic Review. 1970, (1): 60-64.

[61] 李晓明.道路收费的经济理论及费率确定方法研究:[西安公路交大硕士论文].1989,(12):20-23.

[62] 张冬生.收费公路价格情况调查与分析——垄断行业价格管理探索之五.价格理论与实践.2004,(6):9-11.

[63] Borins S.F. *The Effect of Non. Optimal Pricing and Investment Policies for Transport Facilities*. Transportation Research. 1982, (1): 102.

[64] Button K.J. *Road Pricing: An Outsider's View of American Experiences*. Transport Reviews. 1983,(3):31-43.

[65] 韩斌,唐冬冬.浅谈对经营性收费公路和非经营性收费公路的几点认识.交通财会.2002,(5):14-16.

[66] 刘剑峰,高月娥.收费政策和特许经营制的研究.黑龙江交通科技.2003,(10): 83-84.

[67] 钟德新.公路收费标准调整机制研究.交通财会.2001,(10):6-9.

[68] 张国强.东西部收费公路的经济效应比较研究.综合运输.2004,(5):44-66.

[69] 陈传德.我国公路收费理论和收费标准的探讨.西北公路.1989,(3):4-7.

[70] Edelstein R. and Srkal M. *Congestion Pricing*. ITE Journal. 1991,(2):37-40.

[71] 丁岳维.联合收费道路费额分配方法研究.课题分报告.1998:35-38.

[72] Evans A.W. Road Congestion Pricing: *When Is It A Good Policy?* Journal of Transport Economics and Policy. 1992,(3):32-35.

[73] 约伊特韦尔等(1987).简明帕氏新经济学辞典.顾海良等编译.北京:中国经济出版社,1991.

[74] Else P.K. *Ardorrnation of the Theroty of Optimal Congestion Taxes. Joumal of Transport Economics and Policy*. 1981,(3):76-87.

[75] CPCS Transcom Ltd..中国收费公路私人公共合作伙伴关系.亚太地区工程咨询行业国际合作新世纪研讨会.2001.

[76] 曹军念,李晓明.中国公路收费经营与政府行业管理相关问题.交通运输工程学报.2001,(4):93-96.

[77] 杨团.关于公营事业的初步分析.社会学研究.2004,(4):107-112.

[78] 周国光,等.沪宁高速公路(江苏段)收费研究报告.课题报告.1996:19-23.

[79] 欧洲运输部长联合会、经济合作与发展组织(1994).交通社会成本的内部化.云萍等译.北京:中国环境科学出版社.1996:16-28.

[80] David Simom. *Transport and Development in the Third World*. Routledge. 1996:6~18.

[81] Patrick S. McCarthy. *Transport Economics—Theory and Practics: A Case Study Approach*. Blackwell Publishers. 2001:213-253.

[82] Kenneth J. Button. *Transport Economics. 2nd Edition*. Edward Elgar Publishing Lim-

itd.1993:112-135.

[83] 东南大学运输工程所.公路网络规划、建设及管理一体化系统课题报告.1996:10.

[84] 陶小马,黄治国.公用事业定价理论模式比较研究.价格理论与实践.2002,(7):33-34.

[85] 刘伟,罗仁坚.收费公路经营权转让和发行股票的有关问题探析.综合运输.2000,(3): 29.

[86] 黄海军,Michaei G H B,杨海.公共与个体竞争交通系统的定价研究.管理科学学报.1998,(2):17-23.

[87] 交通部规划研究院.收费公路研究报告——融资.2001:21-23.

[88] 黄怀宝.论公路的二重性、两类型和双轨制.交通研究.1995,(2):25.

[89] 张秋萍.统贷统还的政策作用及问题分析.河南科技.2004,(6):20-21.

[90] 中华人民共和国土地管理法.1999.

[91] 埃利诺·奥斯特罗姆.公共事物的治理之道.上海三联书店.2000:18-28.

[92] 张曙光.论制度均衡和制度变革.经济研究.1992,(6):8.

[93] 邓淑莲.中国基础设施的公共政策.上海:上海财经大学出版社,2003.

[94] 高速公路丛书编委会.高速公路运营与管理.北京:人民交通出版社,1996.

[95] 陈富良.政府的准入规制与垄断行业的市场结构.中国铁路.2002,(7):19.

[96] 盛洪.竞争规则是如何形成的?联通进入电信业后的案例研究.北京:中国财政经济出版社,1999.

[97] 黄燕.市场结构与技术创新研究述评.财经理论与实践.2001:21.

[98] 格罗斯基(P.Geroski).进入与市场份额变动.北京:中国税务出版社,2000.

[99] 徐宗威.法国城市公用事业特许经营制度考察报告.建设情况通报.2001,(8):7-11.

[100] Akira Kawamoto.规制改革、市场准入与国际市场竞争.国家行政学院学报.2001,(2):93-96.

[101] 张人骥,江岚.价格竞争、经济效率与政府管制.经济科学.2000,(5):13-21.

[102] 白让让,郁义鸿.价格与进入管制下的边缘性进入.经济研究.2004,(9)70-81.

[103] 杨蕙馨.企业的进入退出与产业组织政策.上海:上海人民出版社、上海三联书店,2000.

[104] 张昕竹.网络产业:规制与竞争理论.北京:社会科学文献出版社,2000.

[105] 张昕竹.中国规制与竞争:理论和政策.北京:社会科学文献出版社,2000.

[106] 林敏晖.关于高速公路管理体制设置方案的探索.引进与咨询.2003,(3):22-25.

[107] 谭继亮.谈我国基础设施投资市场化.基建优化.2002,(5):26-28.

[108] 王辰.基础产业融资论.北京:中国人民大学出版社,1998.

[109] 世界银行.世界发展报告.北京:中国财政经济出版社,1994.

[110] 雷崇国,畅良臣.高速公路管理体制的探讨.公路与汽运.2001,(4).49-50.

[111] 孙建国,李文溥.从依靠管制转向依靠市场——自然垄断行业引入竞争机制的趋势分析.东南学术.2002,(4):24-29.

[112] 闰小龙.公用企业的政府管制和反垄断问题.河北法学.2001,(4):29-33.

[113] 收费公路的"统贷统还"模式研究.综合运输.2004,62-63.

后记

在本书即将完成付印之际，我愿与所有关心中国交通运输事业、关心中国收费公路建设的读者一起分享我多年来的一些思考和研究成果。

我从上世纪八十年代开始投身中国公路建设事业，二十年多来，我亲身经历了我国收费公路从无到有、快速发展、又不断加强管理的一个曲折发展历程，切身感受到了收费公路的发展为我国公路基础设施的二十多年大跨越做出的重要贡献。截至目前，我国收费公路总里程已经占世界总里程的七成，其发展有效地弥补了公路建设中资金的不足，解决了公路建设一直以来作为我国经济发展“瓶颈”的困境，实现了公路建设“自我积累、自我循环、自我发展”的道路。

从近二十年的发展实践来看，我国收费公路尽管为公路事业的发展做了巨大的贡献，但目前存在的问题还比较多，社会反响比较大。比如：收费公路站点多、等级不合理；收费站(点)设置不合理、收费手段落后；一些收费路段的收费标准过高、年限过长；少数地方在转让公路收费权时，违法转让，擅自延长收费年限；不同地区和不同技术标准的收费路之间差异性较大；在收费资金管理、核算、使用等环节监管不到位。这些问题的存在，影响了收费公路的健康发展，有损于社会福利的最大化，也成为社会各界和人民群众反映强烈的社会问题。

通过深入地调查和研究，我认为，上述这些问题有些是局部现象，有些则带有一定的共性和普遍性，究其深层次原因是对收费公路这种基础设施的经济属性认识不清，不能从理论上论述清楚收费公路的规制原则，造成了规制目标不清楚，规制手段不完备，规制效果不佳的客观局面。

本书是在我的博士论文基础之上修改而成，在此，我首先要感谢我的导师李京文院士，是他带领我对这一领域开展了经济研究。李先生在我的学习和研究过程中给予了我无私的关怀,从本书的选题到不断的修改完善,李先生一次又一次表现出了渊博的知识和对前沿领域的敏锐观察力。回想求学和研究的经历,这本书每一页成果都凝聚着李先生的心血,而我也将永远牢记李先生的谆谆教诲,学习他的执着勤奋,继续向前。在此,还要感谢北京市交通委员会的刘小明副主任、交通部科学研究院的周伟院长、交通部规划研究院的戴东昌院长、北京工业大学的宗刚教授,他们在我的研究过程中给予了许多的帮助和指导。

这本书的面世还要感谢交通部黄先耀副部长,在研究过程中,我多次向黄部长请教有关公路建设行业的体制改革及法制法规建设等问题,这对我的研究起了至关重要的作用。通过与他的交流,我心中混乱模糊的思路逐渐明朗起来,以往感觉晦涩不可理解的东西逐渐可以挥洒运用了,这也让我体会到先耀副部长的见微知著和深邃广博。

由于时间仓促,虽穷吾之所学尚留有诸多缺憾,仅希望通过我的努力能够在实证上给出一些对收费公路管理有益的结论和政策建议,能为我国收费公路事业做一点贡献一直是我多年的心愿。本书的研究尚有不到之处,希望各位同仁以及广大读者多提宝贵意见,我将在今后的研究工作中继续探索和完善。

王国锋
2006 年 12 月 18 日于北京